사람과 사람

사람과 사람

이다겸 수필집

수필과비평사

■ 작가의 말

삶을 책 한 권에 묶는다.

늘 고뇌하면서 추구하는 행복이 무엇인지 자문하며 하루를 연다.

모든 것은 마음에서 비롯된다는 걸 잘 알면서도 마음 비우기는 힘들고, 가득 찬 마음속에 또 채우려고만 하는 나를 돌아본다.

연둣빛 아름다운 계절에 숲길을 따라 뚜벅뚜벅 걸으며, 독서를 통해 내 삶을 확장시키듯, 문학은 더 나은 내 인생의 징검다리.

숲에 스며든 수채화로 채색해 본다. 지친 하루, 비워서 아름다운 삶, 공간이 주는 위로와 격려를 맘껏 즐긴다.

오래 살았다고 슬픔이 낮을까. 나를 지켜주는 무늬, 함께 살아간다는 것은 삶을 채우는 색 그것은 사랑이다.

싱그러움을 가득 담은 하루, 저 모퉁이를 돌아서면 또 어떤 풍경이 담겨 있을까. 갈피들이 들려주는 음악은 지난 삶에 대한 그리움 때문이지 코끝이 찡해진다.

자양분을 담을 수 있도록 도움 준 소중한 분들, 작품 해설을 해주신 박양근 교수님께 마음 담아 감사의 인사를 올린다.

2023년 6월 연둣빛이 아름다운 날

백련 이다겸

차례

2부

발아, 고맙다

3부

음악 인생을

4부

사람과 사람

5부

내 마음의 자양분

1부

숲길은 스토리텔링

가을 단상

온 세상이 감나무밭이다. 오륜대 선동에서 녹색 잎이 반짝이는 가을을 만난다.

커다란 나무에 매달린 작고 단단한 감꽃은 5-6월에 피기 시작해 가을에는 과당이 풍부한 열매를 선물한다. 예전에는 집집마다 감나무를 심었는데, 배고픈 시절 허기를 채울 수 있었던 구황식품으로 활용되었기 때문이리라. 감나무를 보면 고향 풍취가 그립다.

감꽃은 수꽃과 암꽃이 있다. 수꽃은 한곳에 3~5개씩 모여서 피지만 암꽃은 한 개씩 홀로 핀다. 감꽃은 황백색이다. 타원형 큰 잎에 가려 잘 보이지도 않고, 꽃의 화려함을 자랑하지도 않는다. 장미나 목련, 국화꽃은 그 아름다움을 논하는 글도 많지만, 감꽃에 관심을 두는 이는 적다.

어린 시절엔 감꽃을 실로 꿰어 목걸이를 만들어 목에 걸고 다니기도 했다. 때로는 떫은맛에 얼굴을 찡그리며 먹기도 했던 추억 속의 꽃이다.

화려한 꽃들은 아름다운 자태를 뽐낸다. 벌나비들을 불러 모아 생의 전성기를 화려하게 물들인다. 십일홍은 짧게 타올랐다가 퇴색된 가을을 보내지만, 감꽃은 그런 요란함이 없다. 초록 잎 사이로 조용히 피었다가 진다. 그렇게 여름을 보내고 가을이 오면 잎사귀를 홀랑 벗은 감나무에 크고 작은 감이 주렁주렁 탐스럽게 열린다. 여름날의 햇빛 속에서 더욱 단단하게 여물어진 늦가을의 감은 천연의 달콤함으로 스며들어 입안 가득 채운다.

꽃보다 결실이 좋은 과일이 감이다. 감이 곶감으로 변신하면 당도가 높아 예로부터 사랑을 받아 왔다. 호랑이가 온다고 해도 울음을 멈추지 않는 아이가 곶감을 준다는 소리에 울음을 뚝 그치는 것을 문밖에서 듣고 있던 호랑이가 '나보다 무서운 놈이 있구나.' 하고 달아났다는 전래 동화는 초등학교 교과서에 실릴 정도로, 감은 우리 민족과 매우 친근감이 있는 과일이다.

동창회에 가면 친구들을 만난다. 조용히 학교생활에 성실했던 친구들은 성공한 모습이 되어 당당하게 나타난다. 그런가 하면 큰소리치고 잘나가던 친구들 모습은 눈에 잘 띄지 않는다. 잘났다고 소리치지도 말고, 못났다고 기죽지도 말며, 인생 굴곡에 의기소침할 필요도 없다고 생각해 본다.

율곡선생이 쓴 《격몽요결擊蒙要訣》의 서문 첫 문장에 "인생사세人生斯世에 비학문非學問이면 무이위인無以爲人이니라". 하는 말이 있다. '사람이 이 세상에 태어나 학문이 아니라면 사람이 될 수 없다.'는 뜻이다. 가르침을 배울 때도 감나무에 생가지를 째서 접붙일 때처럼 아픔이 따른다고 하였다. 아픔을 겪으며 선인들 예지를 이어받을 때 진정한 인격체로 살 수 있음을 알아야 한다.

겨울에 감나무는 나목이다. 자연 순리를 꿋꿋이 받아들이는 생명력이 강한 나무다. 감나무는 허리가 잘려도 또 새순이 돋아난다. 그래서일까. 충북 영동군은 전국에서 '가장 아름다운 거리 숲길'을 지정해 감나무로 가로수를 심었다. 가을에는 주민들과 공무원들이 함께 감을 따서 경로당에도 나누어 준다. 전국 각 지역에서 참여한 사람들과 주민들이 어우러져 감을 따는 축제 행사는 그 의미를 몇 번이고 새겨볼 만하다.

자연은 오케스트라 지휘자 같다. 지휘봉에 따라 사계절 환희와 순간순간 감성을 일깨우며 도화지에 색칠한다. 봄은 생명이 발아되는 연둣빛 아름다움, 여름은 짙푸른 초록, 가을은 단풍으로 채색되고, 겨울은 나목의 쓸쓸함을 준다. 그중에서 단풍잎과 빗방울이 산야를 장식할 때면 쇼팽의 왼손 반주가 반복하는 빗방울이 연상된다. 선동지역 감나무들도 자연의 지휘에 맞춰 감꽃이 떨어진 자리에 주렁주렁 감을 매달고 서서 감미로운 클래식 선율 같은 힐링을 준다.

감나무는 짙은 향기와 화려함은 없다. 그러나 제자리에서 묵묵히 사명을 다하는 감꽃 역할과 결실이 주는 즐거움은 크다.

감나무와 감꽃을 생각하면서 사회에 비치는 내 모습을 그려본다. 은은한 감꽃처럼 튀지 않고, 묵묵히 내 할 일을 하는 보람 있는 삶으로 채우려 한다. 가을에 멋진 결실로 사람들에게 달콤한 맛을 주는 감꽃처럼 은은한 향이 사람들 마음속까지 전해질 수 있다면 얼마나 좋을까.

가을 향기

청아한 하늘이다. 가을 햇살과 가을바람이 마음을 풍족하게 한다. 맑은 하늘, 따뜻한 햇볕과 신선한 가을바람이 주는 다정함은 친구를 만난 듯 평온하고 즐겁다.

모든 것이 가을다워지는 10월, 무궁화호를 탔다. 대전에 결혼식 참석차 탄 열차의 창밖에는 세월이 보인다. 우뚝 신 아파트와 노후 주택들이 비교되어 시선을 사로잡는다.

창밖은 형형색색 단풍이 가을을 노래한다. 한 장면, 한순간을 놓칠세라 마음속으로 지난해 단풍도 꺼내 본다. 어느 해 내

장산 단풍 여행을 갔을 때, 단풍 색깔이 선명하고 짙어 울긋불긋한 색깔만 보아도 눈이 호강했다. 선택한 날짜도 마침맞아 산이 병풍처럼 펼쳐져 있는 풍광을 즐겼던 하루였다.

기차가 낙동강 강변을 지난다. 강물은 은빛을 토한다. 햇살을 받아 반짝이는 수면 위의 평화가 고스란히 느껴진다. 가을 정취에 푹 빠져 본다. 작은 마을 흙담 너머로 파란 하늘을 벗 삼아 주렁주렁 매달린 감나무들이 세상 구경을 하고 있다. 나뭇잎 하나 걸치지 않은 주홍색 감이 물감을 찍어 놓은 듯 예술품이다. 감이 주는 달콤함은 어느새 입안에 가득 고인다.

학창 시절에 탔던 무궁화호가 생각난다. 기타 하나면 다 해결되던 시절, 비좁은 공간에서 노래를 부르며 낭만을 즐겼다. 작은 유머에도 '하하 호호' 했던 그 시절이 지난 지 벌써 오래다 오늘 탄 열차 칸은 입석이 없는 탓인지 서서 가는 사람은 아무도 없다. 빠른 열차와는 달리 사람 향이 난다. 조용히 해라, 휴대전화기는 무음으로 하고, 전화를 받을 때는 로비에 나가서 받아라 등 방송 멘트가 들리지 않는다. 네모 칸 승객들은 여유롭다.

우리 일행도 수다를 떨었다. 표정들이 한결 밝아 보이고 전화도 받고 대화 소리도 들린다. 누구 한 사람 조용히 하라는 말이 없는 분위기에 익숙한 듯 편안하다.

결혼식장에 도착했다. 20~30분 형식을 위해 꼭 분잡을 떨어야 할까, 하는 생각을 가끔 하지만 오늘 행사를 위해 애쓴 신랑 신부 등 양가 부모님들 노력이 보인다.

예식장 건축 공간이 멋스럽다. "나무는 사람과 사람 사이를 채워주고 연결은 자연이 해 준다."라는 말이 있다. 축하 객석에 앉아 천장을 보았다. 브이 자로 된 높은 천장에 나무로 된 선들과 하얀 벽, 자연색에 가까운 예식장 분위기, 신랑 신부가 첫 출발할 레드카펫, 양옆으로 장식된 탐스러운 수국 생화와 촛불이 이색적이다.

오늘 신랑 신부는 행복하기 그지없을 것이다. 딸의 손을 신랑 손에 얹어 주는 아버지는 한동안 자리에서 요지부동이다. 부모 마음이 되어 보니 잘 자라준 신부가 대견하면서도 미 음이 아려왔을 것이다.

주례사 시간이다. "결혼은 패키지다."라고 말한다. 패키지라는 말이 어찌 보니 어울리는 말이다. 30분 예식을 위해 대기하고 있는 신랑 신부들. 형식을 중요시하는 옛 전통이 오늘까지 이어오고 있다. 나는 핸드폰을 꺼내 메모한다. "저녁에 퇴근해서 집에 오면 손 잡고 서로 자존감 높여주어라, '당신은 뭐든지 잘할 수 있어.'라고 자신감을 심어주고, 힘들어할 때는 용기를 주는 부부가 되어라."라는 메시지를 전한다. 좋은 말들은 듣기는 좋은데 실천이 어렵다. 오늘 신랑 신부도 주례사 말을 잘 실천하면서 살아가길 빌어본다.

다른 친구는 신랑 신부가 원해 조용한 바다가 보이는 카페에서 '하우스 웨딩'을 했다. 가까운 친척 친구들 50명 내외만 초대해서 참석하니 카페에 모인 축하객이 모두 한가족 같았다. 신랑 신부를 위한 다양한 이벤트도 하고 여유로운 결혼식이었다.

주례 없는 결혼식도 몇 번 다녀왔다. 양가 부모님들이 성혼선언문을 낭독한다. 신랑 신부가 감동적인 글을 인용해 내빈들 앞에서 서로 사랑을 언약한다. 자유롭고 신세대다운 형식에 얽매이지 않음이 특징이다.

유명한 연예인 결혼식 날, 재미있고 깜찍한 주례사가 기억에 남는다. '결혼하면 이삿짐센터 부를 일 없다. 그만큼 신랑은 힘도 좋고 부지런하니 진실하게 잘살아라.'는 주례사 내용이었다. 서로 부족한 점을 채워줄 수 있으면 이상적인 부부라 생각한다.

부부는 살아가면서 닮아간다. 서로에게 양보하고 배려하다 보면 식생활까지 닮는다. 둥글둥글 모가 난 삶을 서로 부딪치며 다듬어 간다. 삶이 주는 연륜을 무시할 수 있을까.

오늘 환하게 웃으며 행진하는 신랑 신부 모습을 보니 까마득한 옛날 생각이 난다. 나도 한때는 저런 시절이 있었지. 결혼식 날 남편의 대학 은사님 주례사가 생각난다. "부모님을 자주 찾아뵙고, 효도하고, 서로 아끼며 살아라." 지금도 실천하며 살고 있다. 잠시 소풍 나왔다 가는 인생인데 예식장에 가면 늘 코끝이 찡해 온다. 가을에 결혼하는 신랑 신부들한테 축하와 행복을 빈다.

법정 스님의 법문집이 생각난다. 일기일회. 모든 순간은 생애 동안 단 한 번의 시간이며, 모든 만남은 생애 단 한 번의 인연이다. 한번 지나간 시간은 다시 오지 않는다는 내용이 매일 새롭다. 매사 최선을 다하라는 말이다. 한순간 잘못된 판단으로 후회하며 살아가고 있는 게 우리의 삶이다.

티 없이 맑은 하늘을 본다. 스쳐 지나는 창밖 그림 같은 풍광들을 즐긴다. 지난봄 고운 자태를 뽐내던 목련도 온 거리를 유백색으로 채색했던 벚나무도 잎을 떨구고 자연에 순응한다.

가을은 만추가 아름답다. 우리 삶은 "늙어 가는 것이 아니고 익어 가는 것"이라는 글귀처럼 연륜이 삶을 여유롭게 만든다. 가을은 겨울에 쫓겨 줄달음치는 바쁜 계절이기도 하다. 짙은 우수가 쌓이는 가을 산은 높고 깊다. 올가을 이런저런 이유로 바스락거리는 낙엽 위를 걷지 못했다. 겨울이 가을을 데려가기 전, 물소리, 바람 소리를 들으며 흙을 덮은 갈색 낙엽을 밟아 보고 싶다.

오랜만에 마음 여유를 가졌다. 자연에 순응하는 세월과 가을 향기를 맛보았다. 젊은 새내기 부부를 지켜보며 옛 낭만을 반추했다. 남은 삶은 자연의 섭리에 순응하면서 정겹게 사는 것뿐이다. 어느새 예년보다 더 춥다는 겨울을 걱정해야 하는 일상이 익숙한 거리로 돌아왔다.

봄이 오는 길목

3월은 향긋한 봄을 알린다. 밤사이 내린 비로 봄기운이 스미고 있다. 상큼한 공기를 벗삼아 여명을 따라나선다. 겨우내 움츠렸던 마음과 몸이 즐거움으로 가득하다. 호젓한 숲길을 거닐며 황량하고 스산한 겨울을 보낸 나무들과 교감을 나눈다. 봄이 주는 정취도 담아 본다. 산책길 초입에 우뚝 서 있는 목련도 꽃망울을 머금었다.

연둣빛 촉은 희망을 노래할 준비가 되어 있다. 빰이 에이는 쓰라린 추위를 보내고 봄이 주는 의미를 생각한다. 봄을 맞는 나는 집 안 구석구석 묵혀 두었던 먼지를 훌훌 털어낸다. 그린 식탁보로 치장을 하고, 산뜻한 봄나물로 차려질 맛난 식탁을 그려본다. 덩그러니 놓여 있는 피아노 건반을 두드리며, "봄이 오면 산에 들에 진달래 피고~." 봄노래로 마음에도 봄을 활짝 열었다.

홍매화가 이른 봄꽃 봉오리를 피운다. 목련, 홍매화, 진달래 등 봄꽃 들은 짧고 단아한 모습만 남긴 채 일찍 떠나는 길이 아쉽다.

어느 해 봄날, 엄마랑 단둘이 원동에 있는 홍매화를 만나러 갔다. 활짝 핀 매화 군락지를 눈과 마음에 담으며 봄과 인생에 대해 담소를 나누었다. "딸이 있어 참 좋다. 딸은 영원한 엄마 친구란다." 하며 살며시 손을 잡으며 사랑을 표출하셨다.

감성이 남달랐던 엄마였다. 정원에 화려한 분홍빛 영산홍 꽃들과 철쭉 등 파릇한 싹이 돋는 나무들을 많이 키웠다. 이웃 사람들은 정원에 있는 꽃들을 즐기러 와 정겹게 다담도 나누었다.

일요일 아침, 정원에서 결혼한 언니 가족과 탁구를 하고 있었다. "오늘 탁구 게임에서 진 사람은 아침밥 없다." 하고 웃으시며 엄마는 엄포를 놓고 들어갔다. 나는 승리욕이 강한 동생과 한 팀이 되었다. 아침밥을 못 먹을까 온 힘을 다했던 추억이 아련하다.

딸은 아직도 천생 여자였던 달콤한 엄마 향이 그립다. 행복과 슬픔을 토로하면서 이제는 조금씩 무디어 가는 지난날이 아쉬움을 자아낸다. 봄 하늘 아래서 연분홍과 순백의 자태를 지닌 홍매화를 보러 가야겠다. 엄마와 친구랑 수다를 떨며 온전한 봄날 하루를 꽃 속에 묻히고 싶다.

봄 내음이 향기로운 숲속 오솔길이다. 참새가 지저귀는 노래와 어울려 아름다운 전율이 흐른다. 봄을 맞으려는지 참새 지저귐도 유난히 시끄럽다. '짹짹 짹짹.' 새들 대화가 수다스럽게 와닿지만 그들 모습은 다정다감한 엄마와 딸 같다. 좀처럼 자기 이야기를 하지 않는 아침 산책길 사람들과의 만남도 이어지리라.

헤아릴 수 있을 만큼 추웠던 산책길을 걸었던 사람들과 초록빛 봄 인사를 나눈다. 봄을 즐기려고 오는 사람들과 해후를 한다. 곁가지 나무에 연둣빛 새싹이 쏙쏙 고개를 내미는 아름다운 봄 향연이 펼쳐질 날을 기다린다. 하루가 다르게 짙어 오는 봄 햇살의 따사로움을 온몸으로 느끼며 봄을 만끽한다.

봄이 여는 새벽은 어느새 환한 빛으로 반가움을 더한다. 나의 감성은 여린 봄을 맞을 준비에 바쁘다. 매일 걷는 정겨운 오솔길도 봄 향기로 젖어간다. 소나무 군락지를 걸으며 상큼한 솔향을 가슴 깊숙이 흡수해 본다.

봄이 오는 길목, 자연과 대지는 서서히 연둣빛으로 물들어 간다. 내 마음은 벌써 초록을 노래한다. 더욱 찬란해진 아침은 이내 열릴 것이다.

봄이 가고 오는 것은 무심히 가고 오는 것이 아니다. 계절이 순환하는 것은 우리에게 오는 자연이 주는 채찍일 수 있다. 함부로 살고 함부로 말하며 살아가는 우리 일상을 되돌아 보게 한다.

숲, 관조의 시간

하늘로 이어진 숲길이다. 돌계단과 나무계단을 오른다. 숲과 바다가 어우러져 내면을 채워주는 자연이 잘 보존된 고즈넉한 산책로다. 내도 섬은 거제도 9경 중 8경에 속한다. 거제 일운면 구조라에 있는 내도 도선 선착장에서 배를 타고 10여 분 소요하면 섬에 도착한다. 승객을 하차시키고 2시간 내 승선해야 한다는 말을 남기고 배는 회귀한다. 파도를 가르는 물살이 멈추면서 내도 섬에 도착했다.

찜질방과 작은 마트가 사람들을 반긴다. 조용한 거리는 옥빛 바다에 물들어 편하다. 하얀 포말에 씻기는 깜장, 흰 작은 자갈들이 놀고 있는 해안가를 걸었다. 파도가 일렁일 때마다 내 발이 물가로 밀려난다

아들이 초등학교 다닐 때 다녀온 보라카이섬에서 호핑 투어와 수영을 즐기던 때가 생각된다. 몇 년 전에 다녀온 하롱베이 바다와도 다를 바 없는 물빛이다. 눈이 시리다.

햇살과 숲을 벗삼아 오솔길을 걷는다. 크고 작은 섬들이 자태를 뽐내고 있다. 섬들은 녹색 능선이 부드럽게 흘러내려 바다와 닿는 모습이 일품이다. 솔잎 사이를 뚫고 내리는 가을 햇살이 아직은 따갑다. 아름드리 소나무 나무껍질은 선이 선명하고 단단하게 잘 발달한 근육 같아 슬며시 안아본다. 태풍과 해풍을 이겨낸 모습이 어린 나무들에게 희망을 주는 보배다. 옥빛 바다와 햇살, 나무들은 수채화 한 폭이 되어 눈을 호강시켜 준다. 나무 그루마다 기품이 있고 나이테가 쌓여갈수록 자태가 멋스럽다.

푸른 바다가 멋과 색 이야기를 지닌다면, 푸른빛을 잃지 않는 소나무와 편백은 고요한 쉼을 준다. 동백꽃 한 송이를 머리

에 꽂으니 동화책 속 주인공이 된다. 운치 있는 숲과 나무 사이로 트인 시야가 행복을 준다.

선뜻 자리를 내준 나무 의자에 여유롭게 앉았다. 풀 한 포기에서 생명의 소리를 듣는다. 문득 올려다본 하늘은 파랗게 열려 있다. 멍때리기로 어떤 행동이나 생각을 하지 않아도 마음이 풍요로워진다. 몸과 마음이 자연과 하나가 되는 시간이다. 자연은 우리를 위해 건강, 힐링을 주는데 나는 자연을 위해 무엇을 했는가를 생각하게 한다.

3년 전부터 금정산, 황령산, 다대포 해안가를 돌면서 쓰레기 줍기 자원봉사를 해오고 있다. 다대포 해안가 구석진 곳에서는 7~8개 큰 포대 분량의 쓰레기를 수거한다. 바닷물에 떠밀려온 쓰레기는 스티로폼과 플라스틱 음료수병들이 많다. 청소 후 깔끔해진 해변을 보면 마음이 뿌듯했다.

걷기 쉬운 명품 길이다. 뱃길이 짧고 환경이 좋아 하루쯤 숲속에서 보내도 좋을 것 같다. 다져진 흙길을 밟으며 바다를 볼 수 있는 전망대는 포토존으로 정해져 있다.

요즈음 편리한 교통을 지닌 역세권을 원하는 사람들도 많지만, '숲세권'을 찾는 사람들도 많다. 숲이 지닌 천연 공기 청정은 사계절 이용할 수 있다. 초록 물이 입 안으로 스며들 것 같은 숲속에 들어서면 몸도 마음도 초록빛으로 물든다. 나뭇잎 부딪치는 초록 바람 소리조차 귓가를 스친다.

오늘은 철학자가 되어 사유와 자아를 향한 산책을 해보았다. 늘 바쁘게 사느라 빠른 걸음걸이가 습관화되어 있지만, 오늘은 느리게 걷는 여유를 가지기로 했다. 아리스토텔레스는 정원과 숲속을 걸어 다니며 제자들을 가르쳐 소요학파라고 불리었다. 한가롭게 거닐며 자연을 벗삼아 철학을 논했다. 소문이 나서 많은 학생이 몰려와 건물 안으로 수업 장소를 다시 옮겼다고 한다.

바다와 하늘 사이는 경계가 없다. 그림을 그리는 화가라면 찬란한 햇빛과 옥빛 하늘을 화폭에 담을 것이다. 붓끝 하나로 다 그려 낼 수는 없지만, 숨이 멎는 아름다움을 표출할 수 있으리라. 바다 위에 펼쳐진 윤슬과 작은 섬들이 하늘빛으로 물드는 가을이다.

계절의 조화는 오묘하다. 봄 숲에서는 파릇파릇한 어린아이들의 해맑은 웃음이 들린다. 여름 숲은 굵은 햇살을 가리는 시원한 그늘을 주는 푸르름이 있어 좋다. 가을 숲은 성숙해져 가는 삶을 노래하는 아름다움이 있다. 겨울 숲은 모든 걸 이겨낸, 여유로운 휴식이 좋다.

소나무는 강건한 뿌리를 대지에 내린다. 줄기는 하늘을 향해 우아한 자태를 키워낸다. 나무와 숲을 보기 위해 고개를 드니 숲 사이로 맑은 바람과 깊고 푸른 하늘이 반겨 준다.

청정함이 발길을 붙든다. 여름은 바닷속으로 가버리고 가을이 삶 속으로 스며든다. 자연에 스며든 관조의 시간은 바다와 같은 내면이 되었다. 연하고 진한 초록 향연 속에서 지쳐버린 눈과 마음의 피로를 시원하게 풀었다. 국토의 64%가 숲이다. 산을 가꾸느라 노력을 많이 한 덕분에 우리의 분노와 울분을 숲에서 해소하게 되었다. 치유의 숲이다. 현대인들은 급진하는 도시화 과정을 사느라 숲, 자연과 조화를 잊고 살아간다. 평일은 힘들어 주말은 숲을 찾는다. 업무로 인한 스트레스에 쌓인 혜욤*을 정리하는 나 자신에게 휴식을 주고 싶다. 숲은 바라만 보아도 휴식이 주어진다.

사색과 햇살이 마음에 와닿는 느낌을 즐긴다. 비 오는 날은 어떨까. 피톤치드 향, 촉촉한 흙내음, 진초록 싱그러움을 함께 할 수 있는 최고의 날로 물들게 할 하루를 기다려 본다. 오늘도 싱그러운 하루였다.

*혜윰: '생각'이라는 뜻의 순우리말이다. '생각한다'라는 뜻의 옛말 '혜다'의 명사형이다

숲길은 스토리텔링

싱그러움이 그립다. 다채롭게 변하는 나무들은 나를 산으로 오라 한다. 흐드러지게 핀 꽃들로 새봄에 만남을 기뻐한다. 초록 잎들이 고개를 내민다. 산도 꽃도 나도 맘껏 초록을 즐길 준비가 되었다.

마이산은 암벽으로 된 높이 687.3m의 산이다. 두 봉우리가 말의 귀처럼 생겨 마이산이라고 한다. 소백산맥과 노령산맥 경계에 있는 두 바위 봉우리는 동봉(수마이산)과 서봉(암마이산)으로 나뉘어져 있다. 풍화혈이 발달해 학술 가치가 높아 도립

공원으로 지정된 명승지이기도 하다.

거대한 암마이봉을 만나러 간다. 멀리 있는 유명한 산은 혼자 오를 수 없어 전문 산악회를 동행해야 하는 장단점이 있다. 모든 책임은 스스로가 져야 한다. 높은 산을 오를 때는 서로 힘이 되지만, 많은 사람이 큰 바윗돌을 딛고 오를 때, 바위 능선을 걸을 때 서로 도움을 주고받는다.

첫 1km는 가벼운 몸풀기다. 동행하는 사람들도 첫 얼마 거리에서는 '휴' 가벼운 숨을 내쉰다. 산을 오르면 상큼한 숲길과 큰 나무들 그늘이 힐링을 준다. 얼굴과 팔에 스치는 나뭇잎들 인사가 정겹다. 짙은 녹색의 싱그러움이 와닿고 멧새들 지저귐은 맑은 공기를 한층 돋보이게 한다. 따사로운 햇살로 온몸이 땀으로 젖어들지만, 평소에 쌓인 노폐물 분출이라 생각하니 기분이 좋다. 오름내림 굴곡이 반복되는 바위와 비탈길 경사는 몸을 힘들게 한다.

급경사는 다리와 팔을 혹사한다. 돌 위에 튼튼한 쇠파이프로 된 손잡이를 만들어 준 사람들한테 감사하는 마음이 생긴다. 이런 걸 두고 유격훈련이라고 하나 보다. 작은 봉우리에 올랐다. 저 멀리서 우뚝 솟아 고고한 자태를 뽐내고 있는 암마이봉이 이번 산행 목적지다. 아스라이 멀어 보이는 자태를 향해 걸어야 하는 생각과 어제 책장을 정리하느라 무리한 탓인지 지겨움이 엄습해 온다. 뒤돌아 갈 수도 없다.

능선을 타는 코스에 닿았다. 높이 올라가 사방을 살핀다. 넓게 펼쳐진 먼 산과 논밭이 하늘과 어우러진 진초록이 일품이 되어 시야를 채운다. 시원한 바람은 산에 올라온 보람과 쾌감을 안겨준다. 옛날에는 산에 오르면 멀리서 "야호!" 하는 소리를 듣곤 했다. 산을 오르는 사람들도 "호야!" 하고 대답을 했던 기억이 난다. 메아리는 서로에 관한 관심과 배려다. 요즈음은 산행길에서 만나는 사람들과는 "반갑습니다." 또는 "고지까지 얼마나 거리가 남았나요?" 등 가벼운 인사를 나눈다.

얼굴에 감기는 초록 바람이 좋다. 때 묻지 않은 풍경이 주는 일렁임도 좋다. 편안한 B 코스를 택할 걸 하는 후회도 살짝 되었지만, 땀방울은 주말 행복을 준다. 동행하는 사람들도 묵묵히 발걸음을 옮긴다. 사진 찍기 싫어하는 나에게 포즈를 취해 보라고 한마디씩 한다. 폼 잡고 서면 누군가 이렇게 서라, 저렇게 하라 말한다. 배경이 더 멋지다, 라는 말도 힘든 산행하는 길에서는 사람들과 공감대를 형성하는 카타르시스가 된다.

선두는 능선 정상에 올라 휴식을 취한다. 물을 마시며 주변의 아름다운 자연 풍광도 즐기면서 다음 사람들을 기다린다. 후진이 도착하면 간단한 담소를 나누고, 자리를 비켜준다. 뒷사람과 동행인에 대한 친절한 배려이다.

몇 시간을 걸었다. 걸어온 능선을 바라보니 내가 대견하다. 숲속에 커다란 바위가 자리하고 있다. 바위 위를 걸었다. 숲과 나무 사이로 비치는 햇살과 상큼한 바람과 친구가 되며 즐겁게 왔다. 바위도 많았지만 숲길도 많았던 산을 잘 이겨내었다.

거대한 도도함이 흐르는 암산 암마이봉이다. 아랫부분 바위를 만져 본다. 어느 바위와 다를 바 없다. 증표를 좋아하는 사람들은 암마이봉 오름을 표시하는 작은 막대에 산악회 표식(시그널)을 걸어 두었다. 수백 개의 표식을 보며 사람들 발자취를 느낀다. 거대한 바위를 돌고 돌아 나무계단을 한발 두발 오르니 드디어 정상에 닿았다. 계단이 없을 때는 위험 수위도 높았을 것 같다. 수마이봉은 암마이봉을 애절하게 바라보고 있는 듯 쓸쓸해 보였다. 암·수 바위인데….

정상을 향한 여정이 끝났다. 정상에서 우리는 서로 힘든 마음을 다독여 준다. 미세먼지 한 점 없는 공기를 마시고 인증사진을 남긴다. 힘들고 불편함을 감수할 때 다양한 사람들을 만난다. 첫 만남의 사람들과 생명의 숲을 걸었던 작은 행복을 소확행이라 이름 짓는다. 초록 향을 음미하며 한 폭의 수채화를 만난 햇살 길, 숲길, 사람 길이 어우러진 약 12km, 7시간을 즐긴 하루였다. 파란 하늘에서 쏟아지는 구름 그늘이 내 얼굴 위에 상큼함을 남긴다. 숲이 들려주는 노래를 듣는 스토리텔링은 계속될 것이다.

은빛 랩소디를 찾아서

상고대 설경을 찾아가자고 했다. 태백산 상고대를 만나기 위해 가는 길. 눈은 무릎 위까지 넘쳐나고 눈썹까지 꽁꽁 얼어붙는, 험난한 산행이었다. 한 치 앞을 가늠할 수 없던 돌계단으로 이어진 무등산 태백산의 눈보라 치던 산행의 추억들을 생각한다. 겨울만이 줄 수 있는 선물, 백설로 덮인 세상을 보고 싶은 희망으로 덕유산으로 향한다.

덕유산은 백두대간 중심부에 있다. 전북 무주군과 장수군, 경남 거창군과 함양군 등 영호남 4개 군에 걸쳐 있다. 동쪽으로 가야산, 서쪽으로 내장산, 남쪽으로 지리산, 북쪽의 계룡산과 속리산에 둘러싸여 남한에서 네 번째로 높은 산이다.

알싸한 바람과 나목들이 반긴다. 안성 탐방기에 도착하니 계곡물은 얼었다. 춥다고 꽁꽁 싸매고 집을 나왔는데, 얼음 이불 아래에서는 맑은 물이 봄 소리를 내며 흐르고 있다. 응달이 된 호젓한 산길은 빙판이 되어 아이젠을 하지 않고는 오를 수가 없다. 아이젠은 '뽀드득, 뽀드득' 소리를 내고 장난을 치면서 눈길을 걸었던 동심을 일깨운다. 추운 날씨지만 피부에 와 닿는 옷은 땀으로 촉촉이 스며든다.

국립공원이라는 글씨가 새겨진 등산복을 입은 산 지킴이를 만났다. 그는 작은 나무와 숲 사이 숨어 있는 휴지와 쓰레기까지 주워 담으며 한겨울 산을 오르고 있다. 산을 오르는 행인들이 무심코 버린 쓰레기를 그는 꼼꼼히 마음쓰며 말끔히 청소한다. 우리 모두 산을 아끼는 세심한 마음을 가져야겠다.

능선이 보여주는 아름다움이 숭고하다. 한참을 걷고 오르다 뒤돌아보면 겹겹이 쌓인 능선들이 행복을 준다. 고요함과 크고 작은 바위들은 변하는 계절을 마다하고 묵묵히 자리를 지키고 있다.

한 고지를 넘는다. 오르막 내리막길을 걸어 설경이 없는 따스한 햇볕은 겨울 능선이 가진 매혹적인 자태를 각인시켜 준다. 고지에 입성할 때마다 온몸에 있는 세포가 깨어난다. 몸이 살아있다는 희열을 맛본다. 햇살을 받지 못한 골짜기들은 하얀 설경을 담아서 수채화 같은 풍광을 선물한다.

하늘과 맞닿은 정상에서 랩소디가 들린다. 오름길을 오르면서 힘들었던 몸과 마음이 말끔히 사라지고 봉우리가 환하게 반긴다. 하늘과 맞닿은 산봉우리에 올라 두 팔을 펼치고 눈을 감으면 자연이 들려주는 선율, 랩소디를 들을 수 있다. 감동과 기쁨은 산을 올라 본 자만이 느낄 수 있다.

드디어 향적봉 1,614m 올랐다. 정상 표지석 인증 사진을 담으려고 길게 늘어선 차례를 기다렸다. 기약 없는 만남과 소중함을 저장하기 위해서다. 광막한 하늘을 보며 내가 왔던 길을 걷고 그들이 걸었던 길에 내 발자국을 새기는 사람들과 만남이다. 그것보다는 산에서 만나는 사람들은 대자연이 주는 아름다움을 오롯이 즐길 줄 아는 사람들이다. 그들과 부대끼는 건 간섭이 아니라 그것보다는 정겨움이다.

고산목을 만난다. 한때는 푸르른 잎으로 젊음을 발산한 산 역사를 지닌 고고한 자태를 지켜본다. 순백의 세상에서는 산과 하늘 경계조차 분간이 어렵건만 한 폭의 그림 같은 눈꽃을 피우고 있다. 세월이 주는 무게감이 와닿는다.

설천봉을 지나 무주스키장에 가까워지니 인공 눈이 산길을 은빛으로 발한다. 경관이 예술이다. 잘 정돈된 흰 눈 위를 걸으며 찌든 세속의 마음을 던진다.

스키어들이 멋스러움을 즐긴다. 눈발을 휘날리며 휘리릭 공중을 스치며 나는, 젊은 스키어들을 본다. 20대에 설악 알프스 스키장을 방문해서도 스키를 배우지 않고 온 겁쟁이 나였다. 그 후도 스키는 위험하다고 가족들이 타는 것조차 만류했다.

난이도 있는 순백의 골짜기에서 춤사위를 하며 질주하는 장관은 한 마리 학을 연상케 한다. 스키 타는 모습에 매료되어 내 마음도 아슬아슬한 행복감을 즐긴다. 몸 근육을 이용해 균형을 잡는 스노보드를 즐기는 모습은 몸에 전율이 온다. 내 몸과 마음도 다리에 힘을 주며 함께 타고 있다.

순백의 수묵화다. 곤돌라에 몸을 싣고 본 풍광은 인위적으로 만든 하얀 세상에서 자연을 즐기는 사람들을 볼 수 있다. 조금 내려오니 초보 스키를 배우는 사람들이 넘어지고 서로 일으켜 주는 광경도 재미있다. 자유분방하게 은빛 세계를 질주하는 사람들, 리프트를 타고 산을 오르는 사람들을 보니 체험해 보지 못한 그것에 대해 부러움이 남는다. 무주스키장 백설 바닥에 발자국 하나 '쾅' 남겼다.

오늘 산행은 겨울이 주는 매력을 가슴에 담는 힐링이 되었다. 서로 어깨를 내어주며 바람 부는 대로 힘이 되어 주는 자연의 이치를 아는 나무들의 가르침을 들었다. 순백의 선물과 고산목이 어우러진 묘한 조화를 가슴에 담은 하루였다. 다섯 시간 9.5km를 걷는 동안 다채로운 산이 펼치는 웅장함을 보았다. 지난 부족한 삶은 묻어두고 함부로 할 수 없는 산의 기품을 가슴에 담고 낭만 절정을 즐긴 하루였다.

문득 "더운 가슴으로 벌떡이며 솟아오르는 세상의 햇귀처럼/ 상고대에 빛나는 아침 해처럼" 살아가라고 하시던 멘토 시인님 격려 말이 떠올라 힘이 솟는다.

목련에 귀를 열고

마음속 온도를 높여야 하는 계절이 끝났다. 나목들은 겨우내 하얀 피부를 드러낸 채 묵묵히 한 계절을 보내고 파릇한 생명을 잉태한다. 작은 나무에서 고운 연둣빛 새싹이 쑥쑥 하루가 다르게 자태를 뽐낸다. 봄 풍경은 갓 태어난 아기를 연상케 해 어린 싹들이 상처 입을세라 눈으로 대화를 나눈다.

'따스한 공기가 그리웠지. 맘껏 고운 빛으로 희망을 노래해 주렴.'

사랑하는 임을 만난 듯 봄맞이 감흥이 희열을 준다.

봄소식 전령사. '나무의 연'이라는 연꽃을 닮은 꽃이 나무에서 핀다고 해 목련이라 부른다. 잎도 없이 가지 끝에 흰 꽃이 빛을 발하며 먼저 핀다. 꽃눈이 붓을 닮았다고 목필이라고도 한다. 꽃봉오리가 피려고 할 때, 목련화는 끝이 북녘을 향한다고 해 북향화라 부른다. 잎 없이 깔끔하게 피고, 땅에 떨어진 꽃들은 내년을 기약하고, 가지에는 연녹색 잎이 돋아난다.

하얀 목련 꽃말은 '고귀함' '이루어질 수 없는 사랑'을 의미하고, 자목련은 '믿음'이다. 목련은 활짝 피었다가 금방 떨어지는 아쉬움에 꽃말이 이루어질 수 없는 사랑의 애틋함이 아닐까. 생각하니 마음이 숙연해진다.

꽃망울이 향기를 품는다. 화려함과 순백의 자태가 사람을 시인으로 거듭나게 한다. 봄의 전령사 역할을 단아하고, 짧게 끝낸 후 연녹색 잎으로 가지를 채우는 목련….

"오 내 사랑 목련화야, 그대 내 사랑 목련화야……."

〈목련화〉 가곡을 듣는다. 아름다운 목련꽃 핀 산사의 길을 생각한다. 거리 초입부터 눈송이를 닮은 꽃들이 아련한 향기를 뿜어낸다. 봄이면 저녁 달빛에 흐드러지게 핀 꽃에 마음을 빼앗긴다. 꽃의 향연은 이내 아쉬움만 남긴다.

목련꽃 핀 길을 걸을 때면, 국민 성악가의 바이브레이션 흉내를 내며 〈목련화〉 가곡을 흥얼거려 본다. 목련꽃을 좋아해 그분 펜이 되었다. 아니다, 그분 목소리가 좋아 목련꽃을 좋아하게 되었다. 시민회관 대강당을 작은 체구로 〈목련화〉 가곡을 맑고, 청아한 음색으로 채우던 그분 모습을 그려본다.

봄은 서로의 소리를 사랑한다. 자연은 익숙한 풍경을 계절마다 새롭게 보여줌으로써 의미가 다르다. 봄 햇살과 살랑거리는 바람, 공기를 희롱하며 내면을 단순함으로 채워본다. 한 폭, 수채화 같은 풍광을 연상하며 상큼한 〈목련화〉 가곡을 음미한다.

무거운 외투를 벗고 화려한 치장을 한다. 설렘으로 가슴을 열고, 들로 산으로 봄 향기를 찾아 나선다. 연녹색 가녀린 새싹과 멀리서 스멀스멀 다가오는 봄 아지랑이와 꽃비를 보며 계절이 주는 낭만을 그려본다.

햇살과 하얀 목련 향기를 유리 찻잔에 채운다. 잠시 머물다 가는 목련꽃처럼 세월을 함께 나눌 누군가가 그리움으로 다가온다.

물 한 잔 어때요

자연은 누구에게나 평등하다. 지구가 아파하던 계절도 자연의 위대함에 밀려난다. 우리 몸도 아파지려면 경고장을 보내듯, 지구도 몸부림치며 신호를 보낸다는 걸 알고 있다.

긴 여름 불볕더위와 싸우느라 바빴다. 오늘 행복을 맞이하려고 사투를 벌인 우리 모두에게 찬사를 보낼 겸 가을을 맞으러 지리산 계곡으로 달렸다. 시원한 계곡물이 들려주는 자연 속 선율, 그림 같은 풍광, 산은 작정하고 오늘 우리를 반길 준비를 한 듯하다. 지리산은 1967년 우리나라 최초로 지정된 국립

공원이다. 3대조(경상남도, 전라남북도)와 군에 속해 있는 21개 국립공원 중 가장 넓은 면적의 산악형 국립공원이다.

"아름다운 자연의 수혜자는 당신입니다."라는 글귀가 눈에 들어왔다. 자연을 눈에 담은 향기를 머금고, 맨살에 와닿아 솜털을 간질이는 바람도 향유할 수 있는 말에 공감한다.

뱀사골 유래는 이무기가 죽은 골짜기라 해서 이름 붙여졌다고 한다. 매년 백중날이면 송림사라는 절에서 신선바위에 스님 한 분을 모셔서 기도를 드렸다. 다음날은 스님이 사라져 신선으로 승천했다고 믿었다. 어느 해, 그 해 뽑힌 스님 가사 장삼에 독을 묻혔다. 날이 밝은 뒤 바위에는 이무기가 죽어 있었다. 이무기 제물이 되었던 스님들 넋을 기리기 위해 계곡 입구 '마을은 반쯤은 신선이 되었다.' 라는 뜻으로 '반선'이라는 이름이 붙여졌다는 설이 있다.

뱀사골 계곡에는 명소가 많다. 그중 하나는 '간장소'라는 이름이다. 옛 상인들이 물물교환 시절, 하동 화개장터에서 화개재를 넘어오다 소금 짐이 소에 빠져 간장이 되었다는 이야기와 이 소의 물을 마시면 간장까지 시원해진다고 해서 붙여졌다는 유래가 전해져 오고 있다.

물 한 잔 어때요, 우리는 녹색이 듬뿍 담긴 물 한 잔씩 마셨다. 소금물은 아니었지만, 물이 목을 타고 넘어가면서 짜릿함이 뱃속 전체에 와닿는다. 간장소 생수를 마시며 화개재를 넘었을 수많은 상인 발자취에 대해 담소를 나누기도 했다. 평시에는 더위를 이기게 해주는 생명수 같은 고마운 계곡이지만 폭우가 쏟아질 때는 사납게 불협화음을 일으켜 황토물로 돌변하기도 한다. 산 중간마다 하얀 뿌리가 드러난 상처를 고스란히 드러내며 선 나무들이 산사태들이 있었음을 말해주고 있다.

맑은 물이 시선을 사로잡았다. 계곡 초입부터 나무, 흙, 돌로 만든 길을 걸었다. 비 온 후 계곡물이 쏴 하며 거품을 일으키는 계곡물의 흐름에 매료되었다. 깊이에 따라 물속은 비취색이랄까. 에메랄드색이랄까. 푸른 하늘과 녹색 숲에 반사된 물색깔은, 어떤 단어를 붙여도 제대로 표현할 수 없다. 아니, 말로 표현할 수 없다. 깊은 곳의 물은 파랑, 조금 얕은 곳은 녹색으로 보이는 것은 빛의 반사량이 다르기 때문이다.

20대 여름에 만났던 이 계곡물은 차갑고 투명했다. 친구랑 손을 담그며 물장난을 쳤던 추억이 아련하다. 사계절이 주는 다채로움을 물빛으로 느끼고 싶다.

깊은 계곡은 여유로움을 준다. 계곡을 올라갈수록 표면이 거친 큰 바위가 자리 잡고 있다. 계곡물이 흘러가면 돌멩이들이 굴러 커다란 돌이 작은 돌로 깨어진다. 결국 모래로 변한다. 물 가까이 있는 큰 바위에 앉아 손과 발을 에메랄드빛 물속으로 풍덩 빠트렸다. 시원한 물속 발이 뽀얀 모습을 드러냈다. 넓은 바위에 누워 노래 한 가락 부르며 자연의 일부가 되었다. 그림 같은 계곡물과 녹음이 주는 환상을 보았는가, 계곡은 어제와 별 다를 바 없는 일상이겠지만 산이 오늘 나에게 보여주는 풍광들은 아름답다. 무엇이 이렇게 감동을 줄 수 있으랴.

청아한 자연환경이 보존된 맑은 공기와 하늘을 마음껏 흡수한다. 바라만 보아도 온몸과 마음이 설렌다.

숲속에도 질서가 있을까. 키 큰 나무에서 나지막한 덩굴식물까지 층을 이루고 있는 걸 보았다. 식물과 나무들은 서로 다른 높이가 햇빛과 양분을 사이좋게 나눌 수 있게 하여 동물들에게도 서식처를 제공한다. 숲도 층을 이루면서 공생공존함을 알 수 있다. 숲이 주는 행복은 새들과 작은 동물들에게 먹이와 안전한 쉼터를 제공한다. 인간들에게 주는 행복은 힐링 그 자체다. 숲이 파괴되면 새와 동물, 사람들이 숲을 찾지 않을 것이다. 자연의 생태계 가치와 소중함을 알고, 오늘의 숲이 파괴되지 않도록 잘 가꾸고 보존해야 한다.

한 폭의 수채화 같은 산과 계곡이 조화롭게 잘 어우러진 숲을 소유한 우리.

아름다움을 발견하고 소중함을 느낄 때 진정한 삶의 기쁨을 얻을 수 있다. 산의 깊이와 산세가 달라 느낌과 풍광 맛이 다르다. 자연과 같은 선한 마음을 만났을 때 세상은 더 따뜻하고 살 만한 가치가 있다. 산과 숲이 주는 소중한 가치를 깨닫고 훌륭한 자산을 미래세대까지 안전하게 보존하여 전해주는 것 또한 우리 몫이다.

어느새 가을이 훌쩍 다가왔다. 자연의 섭리를 즐기며 나만의 표정으로 가을을 만나고 싶다.

2부

발아, 고맙다

맨발의 행복

연제구에서 남구로 이사를 하게 되었다. 새벽 운동을 즐기는 나는 이사한 이후 미리 보아두었던 초등학교 운동장으로 향했다. 넓은 운동장 중간에서 25명 남짓한 사람들이 줄을 지어 앞에 선 선생님 구령에 맞춰 새벽 체조를 하고 있었다. 반가움에 얼른 뒤쪽에 서서 동작을 따라 했다. 새벽 운동으로 온몸에 있는 세포를 깨울 수 있다고 생각하니 마냥 즐거웠다.

도심 속에서 행복을 누린다. 집 가까이에서 넓은 공간을 걷고, 뛸 수 있는, '생활 습관은 내 책임이다.'라고 마음을 다잡아

본다. 새벽 운동장으로의 출발은 즐거움의 시작이다. 연제구에서는 화지산 199m 나지막한 뒷산 정상에서 새벽에 황토를 밟으며 몇 년간 맨발 걷기를 했다. 학교 운동장에서는 건강 체조가 끝나면 계단에 가지런히 신발과 양말을 벗었다. 운동장에는 마사 흙이 깔려 있다. 작고 모가 난 불규칙한 작은 돌멩이와 모래는 발을 콕콕 찌르기도 한다. 순간 앗, 하지만 금방 괜찮아진다. 조금 큰 돌멩이들은 주워서 계단에 올려놓는다.

옛 추억을 일깨운다. 운동회 연습하느라 땀을 흘리기도 하고, 친구들과 술래잡기, 달리기하면서 놀던 초등 시절이 아스라이 스친다. 땅따먹기하며 네 땅. 내 땅 하던 생각에 웃음이 나왔다. 변함없는 초등학교 운동장 철봉과 늑목, 축구 골대, 운동장에는 250m 정도 필드가 있고, 옆에는 100m 달리기 트랙 5개가 있다.

둘째 날, 셋째 날이다. 함께 운동하는 사람들이 맨발로 걸으면 아프지 않느냐, 어디가 좋으냐고 물었다. 오랫동안 맨발을 걸어 시원하고 작은 자극도 있지만, 그쯤은 좋기만 좋다. 발은 말초신경이 모이는 곳, 혈액순환부터 시작해 평소 발에 대해서 공부했던 내용을 알려주었다. 내가 걷는 모습을 보니 맨발 걷기를 하고 싶었나 보다.

일주일 지나니 3분의 1이 맨발 청춘이다. 만나면 눈인사부터 시작해, 맨발 걷기가 좋다고 해서 하고 싶었는데 용기가 없었다, 걷는 모습을 보니 자신감이 생겼다 등 다양한 말들을 쏟아낸다. 새벽을 밝히는 가로등 아래서 열심히 걷고 있는 사람들 모습을 보며 힘을 얻는다. 지금은 3분의 2가 맨발로 운동장을 활보한다.

걸음걸이에는 삶의 연륜이 담겨있다. 다리가 아파 자세가 반듯하지 않지만, "뒤뚱뒤뚱, 어기적 어기적" 열심히 걷는 모습에 박수를 보낸다. 걷기가 끝나면 100m 트랙에서 뒤로 걷기 왕복 5~6회, 옆으로 걷기를 몇 회 하면 걷기 운동은 끝난다. 뒤로 옆으로 걸을 때는 손은 최대한 올려 뒷짐을 지고, 어깨를 펴고 가슴을 내밀라고 배운 방식을 알려준다. 모두 어깨랑 등이 시원하다고 좋아한다.

늑목과 철봉은 좋은 운동기구다. 걷기 운동이 끝나면 매달리기, 종아리부터 왔다갔다하는 운동은 하지정맥류를 예방한다. 철봉 매달리기 등 팔과 다리를 활용할 수 있는 모든 동작을 하며 철봉과 늑목에 매달려 근력을 키운다. 서로 좋은 운동법을 가르쳐 주고 배운다. 몸으로는 가볍게 뛰거나 걷기를 하면서 마음으로는 일과를 계획하고 정리도 한다.

새벽녘 별을 본다. 때로는 별들과 달이 함께 놀고 있다. 땀에 젖은 몸으로 별을 헤아리며 감성에 젖는다. 공기 중에 먼지나 수분이 많은 날은 붉은빛을 받아 하늘이 붉게 보인다. 어둠을 밝혀 주던 달이 지면서 아침이 밝아온다. 새벽하늘은 색채 마술사다. 하늘을 보면 푸른 물감을 풀어놓은 듯, 가을의 서곡을 청아하게 전한다.

생명력 넘치는 운동장이 좋다. 새벽이 온몸 세포를 깨우고, 부지런한 사람들과 만나 함께 어우러지고, 나이 구별 없이 운동한다는 공통점으로 친해진다. 하늘이 주는 선물을 즐긴다. 유리창에 빗방울이 차랑거릴 때 나에게 선물이 왔구나, 하고 뒹굴며 책도 보고, 회색빛 하늘이 주는 여유로운 아침을 보내기도 한다.

저녁에는 젊은 부부, 선남선녀들이 시간과 거리를 조정하며 마라톤을 하는 사람들이 많다. 일찍 퇴근하는 날은 그들과 어울려 마라톤을 함께한다. 시민 공원, 온천천에서 달릴 때보다는 지루함이 있다. 같은 공간을 반복해서 뛰어야 하고, 마땅히 시선 둘 곳이 없다. 조명이 밝은 것도 아니고, 사람들이 여유롭게 즐기는 모습도 볼 수 없다. 그러나 도심 속에서 마음껏 달리고, 맨발 걷기를 할 수 있다는 공간이 있다는 사실에 감사한다.

문현 금융단지 빌딩이 환하게 불을 밝히고 있다. 밤을 낮삼아 근무하는 사람들을 보니 각자 자리에서 최선을 다하며 빛을 발하는 사람들에게 감사한 마음이 든다.

일요일 낮에 운동장에 모인 사람들은 다양하다. 무리 지어 달리기, 그룹으로 원반(플라스틱)던지기, 친구들과 축구를 하는 아이들, 아빠와 야구를 즐기는 모습 등을 보는 것은 운동장에서 누릴 수 있는 또 다른 행복이다.

운동화가 주인을 찾는 날은 보통 11월 초순부터는 신발을 신는다. 땅의 지열이 내 체온을 빼앗아 가는 날부터 운동화를 신는다. 추운 날이 오면 헬스장으로 가고 싶어 망설인다. 40분

동안 건강 체조를 하는 중간, 구령을 헤아리다 잃어버려 웃음 짓는 해맑은 소리가 좋다. 이제 마음을 열기 시작한 사람들과 다른 공간에서 지내야 하나, 하는 고민을 하고 있다. 하루 쉼을 하고 가면, 어제는 왜 안 왔어요, 라는 물음도 정겹다.

하루 시작은 생활 리듬에 맞춰 새벽 운동장을 걷고, 달린다. 운동을 마무리할 즈음엔 몸은 운동 열기로 따뜻해져 오고, 마음은 운동으로 분비되었던 아드레날린으로 기분이 상큼하다. 따뜻한 이웃과 삶을 나누며 맨발로 운동장을 걷는 행복을 오래 함께했으면 하는 바람을 전한다.

나에게 황령산은

무심히 스쳐버린 그때가 그립다. 초등학교 시절 가끔 친구들과 황령산을 올랐다. 황령산은 전형적인 도심지 산으로 금련 산맥에서 두 번째로 높은 산이다. 부산광역시 남구·수영구·연제구·부산진구에 속한다. 산 정상부는 남미대륙 안데스 산맥 화산에서 많이 발견된다는, 안데사이트(andesite), 즉 안산암으로 이루어져 있다. 산 이름은 《동국여지승람》에 누를 '황' 자를 써서 황령산으로 기록되어 있다. 동래부* 때인 1422년(세종 7)에 군사상 중요한 통신수단인 봉수대가 산 정상에 설치되었다. 산을 오르는 길은 다양하지만 산 영역이 넓지 않아 길을 잃을 염려는 없다. 산 정상에 올라서면 부산 시내 풍광과 바다까지 즐길 수 있다.

초등학교 때 일이다. 일요일 아침, 친구들과 아침 산을 올랐다. 산중턱에서 하얀 큰 개 한 마리가 뛰어 내려왔다. 개를 무서워하던 나는 개를 발견한 순간, 산 아래로 줄행랑쳤다. 멈추면 큰 개한테 물린다는 무서움과 두려움에 달리고 또 달렸다. 얼마를 달렸을까, 힘이 빠질 즈음 주인이 멀리서 개를 부르는 소리가 들렸다. 조금만 더 달렸으면 앞으로 쓰러질 참이다. 산소 봉분에서 멈추었다. 개도 지친 듯 긴 혀를 쑥 내밀고 '헉헉' 소리를 내며 멈췄다. 개와 나는 할말을 잃은 듯 멍하니 서로 바라보며 한동안 서 있었다.

주인이 와서 미안하다며 사과했다. 주인의 사과보다 내 마음은 개는 내가 달려서 함께 달린 것인지, 원래 뛰는 것을 좋아해서 달렸는지 개 표정에 관심이 쏠렸다. 친구들 하는 말이 "야, 개도 힘들었겠다. 뭣 때문에 그렇게 달렸는데? 개도 달린다고 고생했다. 잘 뛰더라. 왜 둘 다 뛰는지 이해가 안 되더라.

하하하." 나는 심각해서 달렸는데, 친구들은 개와 뛰는 내 모습이 우스꽝스러워 많이 웃었다고 한다. 지금도 그때 이야기를 하며 놀린다.

황령산 중턱에 작은 집이 하나 있었다. 사람들은 절이라고 불렀다. 산은 높아 보였고 가파른 언덕 위에 집이 있어서, 어떻게 물품을 날라서 식생활을 할까 걱정이 되었다. 친구 이야기에 따르면 스님 시중드는 사람은 남자인지 여자인지 구별이 안 되는 사람이었다고 한다. 지금 생각하면 공양주 보살이 아닐까 싶다. 어느 날 절도 없어지면서 말끔해진 산이 돋보였다. 지금은 옛날 친구들과 오르내리던 길도 어딘지 모를 정도로 산 중턱까지 집들이 들어서 마을을 형성하고 있다.

황령산 흙내음과 바람 소리를 만나러 종종 간다. 동, 서, 남, 북 사방이 도시와 바다가 공존하는 풍광을 볼 수 있어 눈이 호강한다. 작아 보이던 마을들, 서면 로터리에는 차들이 회전해 가고, 초읍에 있던 미군 부대 하야리아만 넓은 자리를 차지했던 기억이 난다.

황령산은 둘레길과 숲길이 많다. 알싸한 피톤치드 향이 코끝을 자극하는 편백 숲이 어우러져 시원하고 상큼함에 발걸음도 가볍다. 추억이 깃든 산에 오르면 편안한 쉼을 준다.

황령산 정상에서 풍광을 즐긴다. 하늘과 바다 경계를 가늠할 수 없다. 인간이 만든 걸작품, 부산의 랜드마크(land mark)가 된 유일무이한 광안대교(다이아몬드 브리지)가 보인다. 총길이는 7.42km 국내 최대 해상복층 교량이다. 바다를 가로지르며 예술적인 조형미를 갖춘 조명시스템이 요일, 계절별로 다양함을 제공한다. 누리마루와 어우러진 광안대교 야경은 사시사철 일품이다. 우리는 마천루 불야성도 즐긴다. 병풍처럼 펼쳐진 빌딩 숲에 자연이 묻히면 어쩌지, 살짝 걱정된다.

유년 시절 숲속 길을 도란도란 걷던 그 길, 이제는 평생 친구처럼 마음이 가는 호젓한 숲길이 되었다. 나는 자연 소리와 연둣빛 아름다움을 음미하며 지난날을 회상한다. 요즈음은 아이들도 바쁜 일상을 보내느라 놀이터에서 보기 힘들다. 체험학습을 통해 자연을 즐기고 문화유산을 탐방하는 아이들이다.

요즘은 등산복을 입고 도시락을 준비해 황령산을 오른다.

어릴 때 함께 황령산에 오르던 친구들은 각자 분야에서 바쁘게 다양한 삶을 살고 있다. 참된 행복은 어디든 있다. 도심 속 나만의 공간, 옛 감성이 있는 추억이 있고 언제든지 걸을 수 있는 산이다. 잔풀나기 만나기 힘든 초등학교 친구들과 옛 추억을 조잘거리며 황령산을 오르고 싶다. 그 시절이 그립고 친구들이 보고 싶다.

*동래부(1895-1896)는 조선시대 23부제 아래 최고 지방 행정구역이다.(지식백과 참고)

겁 없는 초보 달림이

겁 없이 도전한다. 하늘을 벗삼아 거리를 질주하는 달림이가 된 지도 6개월이 되었다. 유년 시절부터 운동을 좋아해 지금도 다양한 운동과 산책을 즐기는 삶을 살고 있다.

그녀를 만났다. 이름 모를 이쁜 그녀, 갈맷길에서 첫 대면을 했다. 하늘과 바다 경계를 가늠할 수 없는 아름다운 송정 갈맷길을 도보로 동행한 후 따뜻한 커피 향을 음미하게 되었다. 마라톤 동호회에 가입해 함께 마라토너가 되어 보자는 제의를 해왔다. 평소 뛰고 싶다는 생각은 있었지만, 도전이 두려워

미루고 있던 터다.

수요일 저녁에 약속한 온천천에 도착해 동호회 분들과 인사를 나눴다. 스트레칭 후 초보인 나에게 마라톤에 대한 숙지사항을 알려주는 분이 있었다. 마라톤 자세, 호흡법을 상세하게 설명해 주었다. 가벼운 달리기부터 시작이다. 처음 달림을 하는 데 동호인의 도움을 받아 약 7㎞, 긴 거리를 뛰고 힘들었지만 뿌듯하기도 했다.

매일 아침 2시간 가벼운 산책이 도움이 된 것 같다. 일주일에 두 번씩 공식적인 훈련을 한다. 매주 수요일 저녁 7시 온천천 농구대 앞에 모여 두실역까지 또는 남천 비치까지 달림을 한다. 일요일은 새벽 6시 장소는 선암사 앞, 해운대 요트경기장 등 장소를 바꿔가면서 훈련하는 일정이 있다. 첫날 꼼꼼하게 가르쳐 준 금쪽 같은 조언을 머릿속에 담았다. 혼자 연습할 때 바른 자세, 호흡법, 시선을 두는 각도, 팔 위치와 움직임, 발 모양 등을 새기며 달린다. 진지하게 승부가 없는 나만의 레이스에 몰입한다. 건강한 삶을 위해 즐겁고 행복한 달림이로, '연습은 실전처럼 실전은 연습처럼'을 되뇌면서.

일상을 일탈하여 계절이 주는 신비롭고 활기찬 만추를 맘껏 즐겨 본다. 2017년 10월 29일 조선일보 춘천마라톤대회 '손기정 세계 제패 기념 제71회 전국 마라톤 선수권대회'가 열렸다. 동호회 회원들은 풀코스를 달린다. 나는 초보 달림이므로 10㎞부터 시작이다. 마라톤복 전체 옷 색상과 모자, 선글라스, 장갑 등 잔뜩 멋을 부렸다. 설렘과 두려움을 안고 '잘 뛸 수 있을까, 뛰면서 부딪히지는 않을까.' 등 혼자 온갖 상념을 떠올리며 첫 마라톤 대회에 참가했다.

대회 전날, 부산에서 전세 버스로 저녁 늦게 출발하여 새벽 5시에 춘천에 도착하였다. 동호회에서 준비해온 시래깃국과 밥으로 간단하게 아침밥을 대신했다.

아름다운 의암호를 즐기며 곱게 물든 단풍잎과 추억을 만들고, 조금 쌀쌀하지만 내 마음은 춘천에 온 목적을 잠시 잊는다. 이른 아침 잿빛 하늘이 내리는 가을 정취에 푹 빠져, 울긋불긋한 자연을 만끽하며 걷는 걸음은 상큼했다. 풍광만 즐겨도 참가한 의미와 보람이 있다. 호반의 도시 춘천은 과연 아름다웠다.

운동장은 스포츠용품 판매대와 줄지어 늘어선 텐트, 다양한 축제 분위기로 유년기 운동회날처럼 마음을 들뜨게 했다.

풀코스 출발 지점은 공지천교, 골인 지점은 공지천 축구장 앞이다. 10㎞는 출발점은 같으나 5㎞ 지점에서 반환점을 돌아 원점회귀를 한다. '가을의 전설'이라는 사회자의 설명이 끝나자 마라토너들의 질주가 시작된다.

첫 출발 주자들은 42.195㎞ 전 구간을 달린다. 의상부터 짧은 반바지에 상의는 민소매 티를 입은 색깔이 다양한 모습들이다. '역시 프로들이네, 에구 추워라.' 나는 동호회 부회장이 준비해온 비닐 옷을 입고 있었다. 부러움 속에 '탕' 소리와 함께 음악을 뒤로하고 달리기가 시작되었다.

다음은 10㎞ 주자들이다. 상의는 80%가 주최 측에서 지급한, 짙은 남색 티, 하의는 긴 바지 간혹 짧은 바지 달림이도 있었다. 풀코스 선수들과는 전혀 다른 분위기에 '하하 호호' 웃음을 자아낸다.

춘천 마라톤은 메이저급 국제대회다. 2만 4천 명이 참석할 뿐더러 다양한 피부 색깔의 사람들과 함께한다. 페이스메이커 풍선을 보며 모두 열심히 달린다. 휠체어를 타고 달리는 사람들, 국제 마라톤에 걸맞게 외국인들도 어깨를 나란히 발맞춰 뛰고, 눈으로 교감을 나눈다. 동호회 초보 회원 한 명과 나는 서로 의지하며 비닐 옷도 중간에 벗어 던졌다. 첫 출전이라 힘들었지만, 서로에게 의지가 되었다. 반환점이 보이니 입가에 미소가 행복을 주고, 돌아가야 할 목표가 생겼음에 용기가 생겼다.

하늘을 벗삼아 어디선가 본 듯한 익숙한 거리를 달렸다. 뛰면서 중간마다 힘과 즐거움을 주는 공연단 음악과 함께 주최 측에서 제공하는 물도 마신다. 마라톤이란 주제로 하루를 오롯이 춘천호의 아름다움을 맘껏 즐겼다. 결승점이 보이는 몇십 미터 전부터 젖 먹던 힘을 보태어 시간을 단축해 보려 안간힘을 다한다. 드디어 '삐~ 소리와 함께 골인, 완주다. 연습 때와 달리 최선을 다했다는 감격에 희열이 느껴졌다. 2만4천 명이 힘차게 결승점에 도달하는 순간 칩을 이용한 전자기록 계측 시스템이 시간을 알려준다. 과학의 첨단에 감탄했다. 뒤편으로 돌아가 컴퓨터에 이름을 입력하니 전자기록을 통해 커다란 전광판에 "이다겸 10km 코스, 55분 33초" 기록이 나타났다. 도전과 설렘, 완주한 기쁨이 온몸 세포를 일깨운 소소한 일상이 큰 기쁨을 주었다.

1936년 베를린 올림픽, 마라톤으로 세계를 제패한 체육 영웅 손기정 님이 생각난다. 일장기를 가슴에 달고 달릴 수밖에 없었던 그의 승리는 고국 동포들에게 울분과 환희를 동시에 안겨준 역사적 사건이었다. 현재 손기정 선수 유품과 인생 기록은 보물 제904호로 지정되어 '손기정 기념관'에 전시되어 있다.

"고국 땅에서 구김살 없이 달릴 수 있는 젊은이는 행복하다. 그들이 달리는 것을 누가 막겠는가."라고 했던 손기정 님의 고국 땅에 대한 사랑을 생각해 본다.

첫 도전 '가을의 전설'은 아름다운 가을에 첫 수확 열매를 맺은 10월의 힐링이었다. 긴 여정 레이스도 건강하고 상큼한 마음을 나누는 삶으로 살아갔으면 좋겠다.

차 한잔의 여유를 즐기며 호반의 도시 달림을 접어 갈피에 담아 본다. 10km를 시작으로 하프, 풀코스를 향해 집념의 러닝 텔링은 계속될 것이다.

혹서기 마라톤

기상대는 연일 예년에 없는 폭염이라는 일기예보를 해댄다. 이열치열이란 생각으로 '태종대 혹서기 마라톤' 참가 신청을 했다. 이 기회에 태종대 정취를 온몸으로 느껴볼 욕심을 내본다. 태종대는 신라 태종무열왕이 활쏘기를 즐겼던 곳이라 해서 태종대라는 지명이 탄생했다고 한다.

해식 절벽이 주는 장엄한 풍경, 울창한 숲과 바다의 어우러짐을 동시에 즐길 수 있는 한국에서 손꼽히는 명승지다. 바다와 숲이 어우러진 거대한 화폭에 나도 하나의 점이 된다. 길은 운무가 깔린 새벽 바다와 산을 바라보며 이 순간 화가가 되고 싶어진다.

마라톤 회원 중 한 분이 일요일 새벽 5시에 태종대 모자상 앞에서 국토종단 537km를 출발한다. 동호인들이 모여 무사 완주와 건강을 기원하였다. 2주 후 열릴 '혹서기 마라톤'을 대비해 훈련한다. 동호회 회원 15명은 태종대 공원을 두 바퀴에서 네 바퀴 정도 오르락내리락하며 달리기를 연습했다. 바쁜 일정 탓으로 한 달 남짓 운동을 게을리한 것이 화근이 되어 달린 후 몸살이 찾아왔다.

혹서기 마라톤 행사가 열리는 날이다. 아침이 태종대 공원에 안기는 시간. 뜨거운 지열과 아름다움이 공존하는 경사진 길을 달리기 위해 마라토너들이 속속 몰려든다. 참 대단한 사람들이다. 진정 운동을 좋아하는 사람들이라고 해야 하나, 그렇지 않고서는 어찌 이 여름 된더위에 달릴 생각을 할까. 나도 컨디션 조절과 에너지 보충을 위해 좋아하지 않는 고기도 먹고, 단백질, 수분 섭취도 충분히 했다.

오늘은 힘든 코스다. 된더위 속에서 오르막길 내리막길, 곡선, 직선로를 반복하며 달려야 한다. 울창한 숲과 시원한 해안을 바라보며 힘도 들겠지만 달리면서 힐링도 할 수 있는 코스다.

3, 2, 1, 출발! 모두 당당하고 자신감 넘치는 우렁찬 목소리로 파이팅을 외치고 달린다. 바다 향기와 흙내음, 숲속 음이온이 어우러진 신선한 공기가 평소보다 더 상큼하게 다가온다. 도심에서는 결코 맛볼 수 없는 맑은 공기를 폐 깊숙이 흡입해 본다. 오늘은 페이스메이커도 없다. 힘들 때는 일정한 속도를 유지하는 페이스메이커 풍선과 함께 달리며 힘을 얻곤 했는데.

첫 랩을 돌고 반환점에서 스스로 한 사람을 페이스메이커로 정했다. 나이는 있어 보이지만 일정한 속도로 오르막길에서는 보폭을 줄여 열심히 달리고 있다. 오르락내리락 반복이다. 오르막길은 걷고 싶은 유혹을 억누르고 가벼운 뛰기를 한다. 내리막길은 혹시 넘어질세라 한 발, 한 발에 힘을 주며 달린다. 탁 트인 바다가 선사하는 시원한 공기에 힘입어 짙푸른 태종대 수채화를 음미하며 마음껏 즐겼다.

즐기며 달리자. 목표로 정했다.

중간 거치대에 마련된 물로 입을 적시고, 떡과 바나나를 한 조각 머금고 달린다. 속도를 생각하면 여유가 없어진다. 페이스메이커를 따라 한두 발자국 뒤에서 달린다. 오르막 오를 때는 끈이라도 있으면 허리를 묶어서 달릴 수 있었으면 하는 생각도 든다. 페이스 조절하며 주변 풍광도 즐기며 달린다.

대회 때 자주 만나지만 오늘도 우리에게 감동을 주는 팔 없는 달림이를 만났다. "힘내세요." 하니 "네." 하며 웃음으로 화답한다. 열심히 달리는 모습을 보니 에티오피아의 마라토너 '아베베 비킬라'가 생각난다. 맨발 영웅은 1960년 로마올림픽, 1964년 도쿄올림픽에서 세계 신기록으로 마라톤 2연패를 달성한 선수다. 그 이후 교통사고로 하반신이 마비되었다. 그렇지만 1970년 노르웨이에서 열린 장애인 올림픽에 출전하여 금메달을 획득해 많은 사람에게 용기를 주었다. 아베베는 "나는 남과 경쟁해서 이긴다는 것보다 자신의 고통을 이겨내는 것을 언제나 우선으로 생각한다. 고통과 괴로움에 지지 않고 마지막까지 달렸을 때 그것이 승리로 연결되었다."라고 했다.

우리는 몸이 아프기도 하고 보이지 않는 마음의 상처와 흉

터도 있다. 고통과 고난의 상처를 견뎌낸 사람만이 지닐 수 있는 무늬다. 자신의 마음을 다스려야 하는 마라톤, 하늘을 보며 바다와 숲을 친구삼아 달렸다. 마지막 바퀴에서 내가 정했던 페이스메이커한테 "오늘의 페이스메이커로 정해서 열심히 따라 달렸다."라고 인사하니 "다음 대회에서 또 만나자."라고 말하며 좋아한다.

완주 후 메달을 받고 기록을 보니 혹서기 달림이었지만 평소 기록과 차이가 없다.

비록 작지만, 자신이 정한 소중한 목표를 이루었을 때 기쁨은 배가 된다. 무언가에 심취하여 언제 끝날지 모르는 여정을 따르는 사람은 행복한 사람이다. 나만의 레이스를 즐기며 시원한 가을을 준비한다.

42.195km를 달리다

경주 국제마라톤대회에 왔다. 42.195km. 풀코스 첫 도전이다. 발가락에 흰색 반창고로 물집 예방을 하고 갈색 테이프로 무릎을 중심으로 부분 테이핑을 한다. 가벼운 스트레칭을 하고 운동장을 두 바퀴 돌았다.

출발 지점에 섰다. 신발, 양말, 모자, 선글라스, 시계, 배번표, 기록 칩 등을 확인하고 기능성 상의, 하의까지 점검하니 복장은 완벽하다. 매일 새벽 4~5km 달린 것이 도움이 될 거야, 하며 자신감을 가져본다. 주사위는 던져졌다. 시간을 단축하기보다는 안전한 완주와 하루를 가볍게 즐겨 보자는 마음을 가졌다.

5, 4, 3, 2, 1, 출발! 페이스메이커를 해주기로 한 동호회 회장과 장거리 달림이들과 파이팅을 외쳤다. 회장은 "천천히 뛰고, 시간 욕심내지 말자."라는 충고 겸 용기를 준다. 달리기에 적절한 환경이다. 차량이 통제된 넓은 도로, 조금 쌀쌀했던 새벽과는 달리 아침 8시가 되니 따사로운 햇살과 함께 마라토너들 발걸음도 가벼워 보인다.

천년고도 신라의 향기를 맡으면서 질주한다. 황금빛 들녘과 물들어 가는 거리 단풍들, 거리에 늘어선 시민들의 "힘내라."라는 함성 덕분에 저절로 힘이 솟고 즐겁다. 완벽한 페이스메이커는 큰 힘이 된다. 구간에서 나눠주는 물 한 잔도 미리 뛰어가 챙겨준다. 받아서 한두 모금 마시며 목을 축인다. 평소 같으면 초코파이 하나 먹는 것도 조심하지만 뛰는 중에는 초코파이를 몇 개나 먹었다. 미리 에너지를 비축해 허기를 방지하기 위해서다.

하프 주자들은 21.095km를 향해 운동장으로 들어간다. 풀코스 주자들은 계속 직진이다. 순간 부럽기도 하지만 아직은 몸과 마음이 생생하다. 벌써 반대편에서는 까만 피부의 프로 전문 마라토너들은 결승점을 향해 긴 다리로 성큼성큼 달려오는 모습이 보인다. '역시 선수들이다. 저러니 상금도 받지.'

24km에서 30km 구간이 힘이 든다. 조금 더 장거리 연습을 할 걸 살짝 후회도 된다.

"조금 걸으면 안 돼요?"

"걷는다고 생각하지 말고 가볍게 뛰어라."라고 페이스메이커는 대답한다. 혼자 생각에 젖는다. 운동인데 이렇게까지 해야 하나, 평소 연습할 때도 힘들면 가끔 하는 생각이다. 그래, 시작이 반이다. 여기서 무너지면 안 된다. 풀코스는 이제부터다. '실전은 연습처럼 연습은 실전처럼'을 되뇌면서. 중간중간 다리를 접었다 펼쳤다 하면서 팔 운동도 겸하며 달린다.

이제 응원해 주던 시민들도 없다. 풀코스 달림이들만 레이스를 펼치고 있다. 점차 페이스 차이가 나기 시작한다. 나도 힘들지만 정말 힘들어하는 사람들을 보니 안쓰러웠다.

30km 표지판이다. 평소 지하철 한 구간밖에 안 된다고 가볍

게 여겼던 1km 거리도 가까운 거리가 아님을 이제야 알았다. 바나나랑 물로 허기를 달래고, 가벼운 체조를 한다. 31km 표지판이 달려도 보이지 않는다. 32km, 33km, 34km….

35km가 고비라고 누군가가 말했다. 지금부터가 힘들다고, 나를 이끌어 주던 회장은 페이스 늦추면 5시간 안에 골인이 힘들다고 한다. 예상 소요 시간을 "4시간 30분 정도 페이스 조절하려고 했는데."라며 회장은 시계를 본다. "실컷 달리고도 5시간을 넘겨 풀코스 인정 못 받으면 아깝다."라는 소리에 정신이 번쩍 들었다. 메이저로 대회 풀코스는 5시간 안에 완주 못 하면 풀코스 탈락이다. 달리자, 후회 없도록. 힘을 내었다. 막상 달리니 언제 그랬냐 하면서 다시 힘이 나고 발걸음도 가벼워졌다.

이제 달려온 거리보다 남은 거리가 더 가깝다. 열심히 달리니 또 곁에서 걱정한다. "5시간 안에 들어갈 수 있으니 무리하지 말고 페이스 조절해 끝까지 완주하자." 감사하기도 하고 매일 새벽 5시 30분부터 4~5km 달렸던 기억들이 떠올라 순간 울컥해 온다. 작은 훈련이 쌓여 드디어 장거리를 달리고 있다고 생각하니 뿌듯하기도 하다. 발걸음이 가볍다. 완주 2km 지점에 도착하니 동호회 언니, 동생들, 회원들이 "힘내라, 멋지다. 완주다."라며 사진도 찍고 남은 거리를 함께 달려준다.

결승점, '삐~.' 칩 소리가 들린다. 완주 42.195km 성공. 페이스메이커와 파이팅을 외쳤다. 잠시 후 "풀코스 완주 4시간 46분 03초"라는 문자가 날아왔다. 힘은 들었지만 고독한 레이스를 끝까지 달려준 나 자신이 자랑스럽고, 무너지려는 페이스를 완주로 이끌어 준 페이스메이커가 감사하다. 달림 2주 전에는 단백질 위주 식사와 일요일 35km 장거리 레이스, 1주일 전에는 탄수화물 위주 식사와 일요일 20km 훈련, 화요일과 목요일은 가볍게 3~4km를 달리며 열심히 준비했던 기억들. 피곤할 때는 탄수화물 비중 늘리기 등 페이스메이커 알림을 숙지하고 그대로 따랐다.

42.195km의 힘든 여정은 말끔히 사라졌다. 발가락 하나에서 피가 나 운동화에 묻어 있다. 이제 상처가 아려온다. "혼자 가면 빨리 가지만 함께 가면 멀리 간다." 는 아프리카 속담이 오늘 나를 두고 한 말 같다.

삶과 마라톤. 한 해를 마무리할 즈음 궤도를 이탈하지 않고, 하루하루를 달려온 한 해가 주마등처럼 스친다. 마스터스 마라토너들의 꿈은 풀코스 기록 2시간 59분 59초 이내에 완주하는 것이다. 이것을 서브스리(sub-3)라 한다. 동아일보에서 주최하는 마라톤 대회에서 서브스리를 완주한 마라토너는 명예의 전당에 입성 이름을 새긴다. 그 후 마라토너들은 인지도가 높은 보스턴 마라톤에서 뛰는 것이다.

나무도 보고 숲도 보며 주위를 살피는 삶으로 다시 시작이다.

42.195km 파이팅!

아침 산책

일어나 기지개를 켠다. 집 뒤에는 나지막한 화지산이 있다, 화지산은 부산진구 양정동, 초읍동, 연제구 거제동과 경계를 이루는 산이다. 금정산맥의 한 줄기로 동쪽으로는 백양산이 있고, 남동쪽으로 황령산과 금련산이 보인다. 해발고도 199m에는 정상석이 있으며, 고려시대 때 동래 정씨 2대 정문도 묘가 있다.

새벽 산은 설렘을 준다. 삭막하리만큼 추울 때는, 아침 7시가 되어야 산을 오를 수 있다. 3월에는 새벽 6시, 4월부터는 새벽 5시가 되면, 여명이 기상 시간을 알려준다. 겨울에는 늦게 산을 오른다.

바람이 좋다. 나목에서 연둣빛으로 짙어가는 녹색 푸른 싹이 마음을 차분하게 해 준다. 3월 말부터 시작하여 10월 말까지, 맨발 걷기를 하루에 40분 정도 하면서 온몸에 세포를 일깨운다. 잿빛 하늘은 맨발 걷기를 시작하여 끝날 즈음에는 코발트 빛 아름다운 하늘로 변한다. 하늘에 풍덩 빠지고 싶은 행복이 엄습해 온다. 발바닥에 차가움이 스멀스멀 와닿는 11월에는 신발을 신고 걷는다.

번잡스러운 도시 소음에서 벗어난다. 참새들 지저귐과 맑은 바람, 짙어져 가는 녹색의 상큼함이 하루를 활기차게 한다. 어제 생각들은 접어두고 오늘 일정을 점검한다. 클래식도 즐겨 듣지만, 뉴스 브리핑도 빠지지 않고 듣는다. 세상 돌아가는 이야기와 정치에 관심은 없지만 매일 들으니 관심사가 되었다.

지난해 겨울 아침, 숲속 길에서 넘어졌다. 쇄골이 조금 어긋났다는 진단을 받고 운동을 중단했다. 오롯이 무위도식하는 삶 같아. 의욕도 없어지고, 고정해 놓은 부분이 아프기도 했다. 한 달 후, “뼈가 제자리에 잘 붙었다.”라는 의사 말을 들었다. 이런 것이 행복이구나, 하는 생각이 드니 마음이 날아갈 것 같았다. 그 후로는 한 걸음 한 걸음, 작은 돌멩이 하나도 조심한다. 사소한 것이 큰 사고로 이어지기 때문이다.

자연과 교감을 나누기 위해, 나무 한 그루 꼭 안고 ‘좋은 공기와 건강을 나에게 주어서 고마워. 얘들아, 모두 사랑한다.’라고 하며 하트를 날린다. 새들 대화에 살짝 끼어들기도 한다. ‘안녕, 아침부터 무슨 즐거운 일 있니. 함께 즐기자. 오늘은 나도 좋은 사람들과 만남이 있어 행복하단다. 내일 또 얼굴 보여줘.’라고 속삭이기도 한다.

연둣빛 사랑에 빠졌다. 톡 톡 터진 잎들이 개성을 연출하며 고개를 쑥 내밀고, 연둣빛을 발하고 있다. 나지막한 숲속길에 그냥 풀썩 주저앉아 마음을 표현하고 싶다. ‘연두야, 사랑한다. 이런 내 마음 아니?’ 스치며 나누는 대화는 많은 아쉬움을 자아낸다.

자연의 소중함을 아는 사람에게만 있는 행복이다. 쉬이 스쳐가는 봄은 곧 녹음이 되어 싱그러운 선율을 들려줄 것이다.

자연 속에서 몸과 마음을 힐링하는 아침이면 따사로운 햇살이 에너지를 충전시켜 준다.

숲, 거창할 필요가 있을까. 찾아가기 쉽고, 내 마음 발길 닿는 곳에 있으면 최상이다. 오솔길이 반겨주는 소소한 행복과 가치, 오늘 아침도 숲길을 걸으며 자연과 인간이 함께 호흡하는 자연의 질서를 배운다. 초록이 자라 열매를 맺듯이, 내 삶은 무엇으로 채워가고 있는지 돌아본다.

연두는 매년 새롭게 싹을 틔운다. 제자리로 돌아오는 것이다. 연두를 맞으며 여행 같은 아침을 사랑한다.

발아, 고맙다

나목들 계절이다. 곱게 물들었던 단풍은 어느덧 낙엽이 되었다. 나무는 삭막한 겨울과 상쾌함을 함께 받아들이며 계절의 흐름에 순응하고 있다.

경북 문경에 있는 주흘산은 문경의 진산이다. 높이 1,106m 산으로 조령산, 포암산, 월악산 등과 더불어 소백산맥 중심을 이루는 산이다. 나라의 기둥이 되는 큰 산으로 매년 조정에서는 향과 축문을 내려 제사를 올리던 신령스러운 영산으로 받들어 왔다. 주흘산은 '우두머리 의연한 산'이란 한자 뜻 그대로 문경새재 주산이라고 불리며 역사적 전설까지 담고 있는 매력적인 산이다.

산길은 완만한 경사지로 호젓한 길이다. 여궁폭포로 향하는 길은 질펀하다. 며칠 전 눈이 오더니, 땅이 얼었다 녹고 있었다. 바위 아래 비좁은 길에 손 잡는 줄이 달려 있어 조금은 안전하다. 아래는 아찔한 낭떠러지다. 위험해 보여 옷매무새를 다듬고 발끝에 힘을 주며 조심스레 줄을 잡고 걸음을 옮긴다.

우리 삶도 눈앞에 놓인 위험을 예측하고, 잡는 줄이 있어 대비할 수 있으면 얼마나 좋을까. 그러면 시행착오가 적은 삶을 살 수 있을 텐데.

초입에서 800m를 올랐다. 여궁폭포는 높이가 20m로 노송과 기암절벽이 절경을 이룬다. 이름 그대로 여체의 신비로움을 담은 듯 바위 틈새 깊숙한 곳으로 폭포수가 흐르고 있다. 선녀가 목욕하고 올라갔다는 물은 옥빛을 발하여 여심폭포라고도 불린다.

바스락거리는 낙엽은 없다. 산에서 놀고 있는 겹겹의 낙엽들은 축 늘어진 채 색깔만 자랑한다. 이제는 부토가 되어 땅을 지키는 파수꾼 역할을 한다. 밟아도 감각이 무뎌졌다. 동네 뒷산을 걷는 느낌이다. 작은 돌멩이와 흙길이 지겨움을 주기도 하지만 맨발 걷기를 할 정도로 맑고 깨끗하다.

계단이 파노라마처럼 열린다. 계단을 오르면 정상이 있을까, 약 천 개의 계단은 높이와 폭이 알맞아 오르는 부담감은 없다. 한 칸, 두 칸 헤아리면서 다양한 발동작으로 올라 보았다. 발을 40도 가량 옆으로 해서 오르니 편안한 계단 오르기가 되었다. 산중턱에는 졸졸 흐르는 약수터가 있다. 플라스틱 작은 바가지에 물을 가득 담아 들이켜니 맺혔던 땀방울이 증발한다.

정상에 섰다. 푸른 잎 하나 없는 메마른 산을 본다. 눈 아래 펼쳐 보이는 골짜기마다 마을을 형성하고 있다. 멀리서 보니 동네는 대낮인데도 겨울 산등성이는 썰렁하고 을씨년스럽다. 스쳐 지나는 시간에 대한 삶이 자연과 대비된다. 가을은 겨울에 자리를 내어주고 휴식을 취하며 마지막 삶을 곱게 마무리하고 있다.

제2 관문으로 하산하는 산길은 돌과 흙이 얼어 있어 미끄럽다. 북쪽이라 햇살을 받을 수 없으니 당연하다. 오랜 세월 땅을 지켜온 큰 아름드리나무들이 태풍 피해로 뿌리째 뽑혀 길 위에 걸림돌로 누워있다. 한때 위풍당당한 모습을 자랑하며 그늘을 만들어 주었을 텐데, 어떤 나무는 돌 틈새에 어렵게 뿌리를 내렸지만, 잔뿌리를 내리지 못해 넘어져 있다. 약 2시간 이상을 발끝에 힘을 주고 조심스레 내려왔다. 경사가 심한 길이라 미끄러지면 산 아래까지 굴러갈 것 같다. 용을 쓰고 내려오니 무릎 관절이 아프다.

개울을 건너는 중간쯤에서 신발과 양말을 가지런히 벗어 놓고 옥빛 물에 발을 풍덩 빠뜨렸다. 순간 나도 모르게 "앗, 차가워." 비명을 질렀다. 물이 차가워 1분도 머물러 있기 힘들다. 신체 하중에서 온몸을 지탱해 주는 고마운 발이다. 발의 피로를 풀어 주기 위해 차가움을 무릅쓰고 수척해 보이는 발을 정성껏 마사지해 주었다.

문경새재 과거 길을 걸었다. 영남에서 한양을 다닐 수 있는 조령, 중령, 추풍령을 경유하던 길이다. 과거를 보기 위해 수많은 선비가 넘나들었던 길이다. 주흘산을 넘어가면 영남으로 가는 길을 단축할 수 있어 예로부터 선비들이 발자국을 찍었다. 짚신을 몇 켤레씩 등 봇짐에 매달아 걸어가는 도포를 입고 검은 갓을 쓴 선비들, 나달나달 낡은 갓을 쓴 태연한 모습, 근엄한 선비들이 앞뒤로 보이는 듯하다. 겸손과 바른 정견을 가지며 지혜로운 사람으로 거듭나라고 흐르는 물과 주흘산을 넘었던 옛 선비들이 말하고 있는 듯하다. 나도 선비들 발자국 위에 조심스럽게 발 도장을 찍어 보았다.

소원 성취 탑도 있다. 옛날 문경새재를 지나는 길손들이 한 개의 돌을 쌓으며 산신령님께 빌었을 소원들이 저 돌탑에 숨어 있다. 소원이 얼마나 이루어졌는지는 알 수 없지만 나도 작은 돌멩이를 주워 돌탑 위에 올렸다.

두 발을 믿고 오늘도 낮은 곳으로 흐르는 옥빛 물을 따라 걸었다. 집으로 돌아와 발의 수고스러움을 온몸으로 확인한다. 발을 문지르며 비누 거품을 내어서 발가락 사이사이를 꼼꼼히 닦고 어루만져 준다. 불평불만도 무관심으로 넘겨주는 발을 다시 찬물에 담근다.

발아, 고맙다.

3부

음악 인생을

그림 숲에 스며들다

빈센트 반 고흐

장미꽃 친구

음악 인생을

하모니 선율

형식보다 마음

작은 인연, 소소한 행복

내가 만드는 초콜릿 인생

그림 숲에 스며들다

휴일 그림을 만나러 벡스코에 간다. 15개국, 54개 해외 갤러리가 참가한다. 한국을 대표하는 107명의 화가가 4천 점이 넘는 작품을 선보이며 동시대 미술의 장을 펼친다. 오늘은 어떤 모습들이 나를 기다리고 있을까. 넓은 전시장에 인종이 다른 다양한 작가들 이야기를 그림을 통해 보고 듣는다.

멀리서 가까이에서 혼과 삶, 인생이 담긴 작품을 한 점 한 점 응시한다. 점과 선으로 면이 채워지고, 사색하는 공간이 된다. 그림 속 숲은 숲속에 앉아 명상하며 힐링하는 듯하다.

세계 각국 사람들의 삶이 눈앞에 펼쳐져 있다. 밝은 색채와 흥겨운 주제를 보면 마음도 즐겁다. 시간과 언어 사이를 걸으며 혼이 담긴 작품 앞에 서서 집중한다. 전하고자 하는 메시지가 무엇일까. 어떻게, 왜 그렸는지 구도, 색채, 작품 소재를 살핀다.

김현엽 프로젝트 아트 부산 2017, 대상 수상작 〈환시 인간-(Strange)〉은 무력을 동반한 이성에 바탕을 두지 않은 이야기를 다양한 형태로 보여준다. 작가는 기괴하게 변화한, 인간을 형상화해 또 다른 인간 모습을 보여주고 있다. 피큐어, 공산품 등 형태를 왜곡시켜 다른 작품을 만들어 내는 환시 인간 시리즈다. 아이디어를 동반해 재치 있게 표현한 작품이었다.

'걸레스님 중광' 그림에 시선을 두었다. 'Mad monk'라 불리는 그는, 파격적인 필치로 독보적인 선화 세계를 개척했다. 외국에서 창조적인 글과 그림을 높이 평가하였다. 달마가 되고자 했던 수도승 삶과 예술, 그 어디에도 거짓과 위선이 없었던 예술가라는 호평이 있었다. 〈무제〉라는 제목이 붙은 그림을 본다. 많은 것을 표출하고, 붙이고 싶은 제목이 많아서 〈무제〉

라고 붙인 것일까. TV에서만 보았던 중광 스님은 스스로 걸레 스님이라는 애칭을 즐기며 "괜히 왔다 간다."는 묘비명을 남겼다. 묘비명처럼 그 스님은 일평생 자유롭고 규율에 얽매이지 않는 삶을 살다 갔다. 중광 스님 작품은 미국 록펠러재단과 샌프란시스코 동양박물관에도 소장되어 있다고 한다.

혹등고래 그림을 본다. 커다란 어미 고래가 새끼 고래를 등에 태우고 한가롭게 물을 즐기고 있다. 혹등고래는 특히 모성애가 강하다. 자주 호흡을 해야 하는 어린 새끼를 위해 어미는 수개월 굶주린다. 새끼에게 매일 500L 젖을 먹이며 10분에 한 번씩 수면 위로 올라온다. 헤엄치기 힘들어하는 새끼를 등에 업고 물 위로 올려 산소를 마시게 한다.

야생에서 살아가는 얼룩말 자식 사랑을 본다. 엄마 얼룩말을 쳐다보는 강아지가 사랑받고 싶어 하는 애틋한 시선이 마음을 아리게 했다. 옆 그림에서는 어미 말 등에 강아지를 태우고 가는 엄마 말, 즐거운 마음으로 따라가는 새끼 얼룩말, 얼룩말 등에 업혀 편안한 쉼을 하는 행복한 강아지 표정과 모습을 볼 수 있다. 작품을 보면서 생각에 머문다. 우리 인간처럼 동물들도 다양한 방법으로 소통을 나누며 살아가는구나. 종을 뛰어넘는 어미 모성 본능은 어디서든 통하고 위대하다.

이중섭 100주년 기념 전시회가 생각난다. 아내와 가족에 대한 그리움을 표출한 작품전을 관람하였다. 인간적인 면모를 느끼며 감성 풍부한 편지글들은 애잔함을 자아내었다. 말년에 무연고자로 쓸쓸하게 힘든 삶을 마무리할 때까지 가족에 대한 사랑이 유난히 기억에 남는다.

그림 액자 속은 행복으로 넘쳐난다. 아름다운 꽃이 투영되고, 그림 속 가족사진은 환하게 웃는 평화로운 모습이 보인다. 집안에 옹기종기 앉아 놀이하는 즐거움도 있다. 하루를 마무리하는 곳은 편안한 안식처, 집이다.

그림을 본다. 나무와 꽃은 현실에 존재하지만, 작가가 그린 나무와 꽃은 현실에 존재하지 않는다. 작품 속 사물들이 나를 보고 있다는 생각을 한다. 미술가는 보고 느낀 감성을 선과 색으로 표출하고, 감정 속 출렁거림을 화폭에 담아낸다. 심플하고 담백한 부드러움이 숨쉬고 있다. 작가 손에 의해 탄생하는 여인들과 꽃이 있어 더 아름답다. 대자연의 경이로움, 독특한 색채 감각. 무궁무진한 세계를 담고 있는 예술을 사랑한다. 모든 사물을 예술로 승화시키는 작업이 작가 힘이다.

걸음을 멈춘다. 과거는 지난 시간에 대한 아쉬운 추억이 아름답다. 미래는 무한한 상상력과 희망, 꿈을 담을 수 있어 행복하다. 현재는 양쪽을 바라보며 상생할 수 있어 좋다.

어둠과 빛의 조화가 담긴 그림 속 계단을 오른다. 한 걸음 한 걸음 여유가 묻어나는 마음을 가지리라. 그림은 미지의 세계로 초대이다. 우리는 작품으로 들어가면 대화를 나누고, 숲이 우거진 길을 보면, 상큼한 공기를 마시며 그림 속 길을 걷는 나를 발견한다. 그림 한 편 한 편이 삶을 대변하는 소통이고 대리만족이다. 그림을 보면 작가의 맑은 영혼이 보이면서 다음에는 어떤 그림 세계로 초대받을지 설렘이 주어진다.

빈센트 반 고흐

사무실 벽면에 걸린 그림을 본다. 반 고흐 그림이다. 그림을 볼 때마다 사람마다 가지고 있는 내면의 틀과 밖의 모습을 생각하게 한다. 빈센트 반 고흐는 후기인상주의 대표적인 화가로 평가받고 있다. 세계 사람들이 좋아하고 사랑받고 있는 그는 사후 아픈 삶이 알려지면서 명성을 얻은 비운의 천재 화가다.

평소 소장하고 싶었던 반 고흐 작품 〈해바라기〉를 구입했다. 그림을 보는 순간 시야가 밝아오면서 행복이 와닿았다. 선 위에 색채를 표출한 예술가들 영감에 언제나 감동한다. 태양처럼 뜨거운 영혼이 담긴 꽃으로 '태양의 화가'라는 호칭을 얻은 작품이다. 손으로 만져질 듯 노란 화병에 담긴 〈해바라기〉 그림은 두꺼운 유화로 칠해져 있지만 넓은 사무실을 환하게 명품으로 만든다. 그림을 맞이하는 날, 어디에 걸까 생각하다 문을 열면 바로 볼 수 있는 사무실 정면에 걸었다. 해바라기를 중심으로 한 벽면이 꽃 그림으로 채워졌다.

〈해바라기〉 그림이 걸리기 전, 사무실을 방문한 사람들은 보랏빛 도라지 꽃밭과 호수가 있는 그림을 보면서 사진을 찍어 가거나 각자 평을 했다. "'보랏빛 도라지꽃과 회색빛 하늘, 호수가 어우러진 그림을 보면 호수 멀리 몽환적인 언덕에서 호수를 바라보고 싶어진다."라고. 나도 호수 건너에는 작은 행복을 전하는 마을이 있을 것이라고 상상하면서 그림을 감상한다.

색상이 선명하고 큰 해바라기꽃에서 태양을 느낄 수 있다. 출근하면서 〈해바라기〉 그림을 보면서 반 고흐 삶을 생각한다. 농민, 노동자 같은 소외계층에 대한 애정과 관심을 가지고 탄광촌 노동자들을 그리기 시작했던 화가다.

동생 테오에게 보낸 편지에는 해바라기에 대해 "이것은 환한 바탕으로 가장 멋진 그림이 될 것이라 기대한다."라고 썼다. 1881년 가을, 고흐는 따뜻한 빛을 찾아 프랑스 남부 아를에서 폴 고갱과 함께 지냈다. 고흐는 고갱을 매우 존경하였다. 고갱에게 쉴 새 없이 편지를 보내 아를로 와서 같이 작업할 것을 권해 1888년 여름 이들 공동생활이 시작되었다.

고갱이 아를에 오기 전, 고흐는 작은 집을 빌려 노란색 페인트칠을 한 후, 고갱을 기다리는 마음을 해바라기 그림 수 점을 그려서 방을 꾸몄다. 두 달 남짓의 공동생활의 삶이 그의 생애에서 가장 행복한 순간이었다.

두 작가는 술집에서 미술을 토론하다, 회화관 차이가 생기면서 관계가 악화하여 결국 헤어지게 되고 비극으로 종말을 맞게 된다.

고갱이 배신하는 날, 고흐는 면도날로 고갱을 위협하고 그 날 밤 집에 들어가지 않았다. 면도날로 자신 귀를 베어 손수건에 싸서 창녀에게 선물로 주고, 다음날 기차를 타고 북부로 돌아왔다.

〈붉은 포도밭〉은 1888년 폴 고갱과 함께 아를에서 생활하던 시기에 그려졌다. 그림을 보면 하늘보다 땅이 넓은 부분을 차지하면서 전체적으로 안정적인 구도를 이룬다. 하늘과 태양은 희망을 상징하는 고흐가 좋아하는 밝은 노란색이다. 동생 테오에게 이 그림에 관한 편지를 쓴다. "온통 자주색과 노란색을 그린 포도밭 그림을 막 완성했다. 작게 그린 인물들은 푸른색과 보라색이고 태양은 노랗다." 편안한 마음에서 그린 그림이었다.

고흐 그림이 처음으로 판매된 〈붉은 포도밭〉은 벨기에 화가 '안나 보쉬'가 400프랑(현재 가치로 200달러)에 사들였다고 한다. 그림을 판매하고 6개월 후 스스로 삶을 마감했지만 그림이 판매된 날, 고흐와 동생 테오는 최고 기쁜 날로 기억되었을 것이다. 물심양면으로 형을 지원했던 동생 테오도 6개월 뒤 33세의 젊은 나이에 과로와 죄책감으로 병사하고 말았다.

고흐 가족은 동생 테오 부인 새댁 봉허와 막 돌이 된 갓난아기만 남았다. 그는 고향 암스테르담을 돌아와 하숙을 치며 생계를 잇는 밝은 성격을 가진 여성이었다. 생전에 고흐는 조카 탄생을 기다리며, 봄에 대한 희망과 설렘을 담은 〈꽃 피는 아몬드 나무〉를 그렸다. 〈해바라기〉와 〈꽃 피는 아몬드 나무〉는 고흐 작품 중 가장 인기 있는 작품으로 꼽힌다. 봉허는 평생 모은 고흐 작품을 네덜란드에 기증하여 반 고흐를 알리는 데 큰 역할을 했다. 1925년 봉허가 62세로 세상을 떠났다.

고흐 작품을 "눈물이나 질질 짜게 하는 그림"이라고 평론가는 혹평했다. 그러나 고흐와 동생이 주고받은 편지와 생의 모든 것에서 실패했던 예술가가 되어가는 과정을 알게 된 사람들은 고흐 그림에 대해 새로운 평가를 하기 시작했다. 넓지도 않은 국토가 해수면보다 낮은 네덜란드에서 반 고흐와 같은 문화 콘텐츠는 마르지 않은 샘물이었다.

사후 새롭게 평가된 고흐 작품은 유럽 전역 주요 도시에서 전시되었다. 특히 20세기 초 독일, 오스트리아 표현주의 화가들에게 많은 영향을 준 것으로 전한다. 몇 번 고흐전을 관람했다. 영상미디어로 제작된 〈별이 빛나는 밤〉 등 작품은 발길을 멈추게 했다. 고흐가 생전 생활했던 초라한 방을 보면서는 마음이 아렸다. 반 고흐를 위대하게 만든 봉허는 후세들에게 감동 이상 깨달음을 준 여인이다. 봉허 뒤를 이어 조카인 빈센트 빌럼 반 고흐는 큰아버지인 반 고흐를 알리는 데, 일생을 바쳤다. 호랑이는 죽어서 가죽을 남긴다고 하지만 고흐야말로 오랜 세월이 지난 지금까지 사랑을 받는 명품 화가이다.

장미꽃 친구

친구가 공연하는 무대는 특별한 관심을 둔다. 문화를 즐기고 사랑하는 마음으로 관람한다. 초대장이 오면 수록된 내용들을 공부하고 무대 전체를 훑어보면서 이번 공연에는 어떤 메시지가 담겨있을까, 궁금증을 키운다. 특히 꽃바구니, 꽃다발 중 어떤 것을 준비할까, 의상은 무엇이 좋고, 신발은 굽 높은 구두 또는 부츠로 할까 등 다양한 생각들로 내가 무대 주인공인 양 큰 설렘을 갖게 된다.

2월 두 번째 일요일, 친구 공연이 있었다. 오랫동안 갈고닦은 합창을 통한 아름다운 하모니다. 다양한 레퍼토리와 탄탄한 구성과 기획이 관객들을 즐겁게 해 준다.

합창회를 알리는 장내 아나운서 멘트가 시작된다. 지휘자 지휘봉 움직임에 따라 아름다운 선녀 합창단원들 소프라노, 메조소프라노, 알토 선율이 관객들을 들뜨게 했다. 친구는 어디쯤 있나, 하고 두 눈을 크게 뜨고 찾아본다. 공연에 열중하고 있는 친구를 발견한 순간, 기쁨과 자랑스러움으로 다가온다.

음악회는 장르도 다양하게 구성되고, 멋진 의상들이 한층 더 돋보였다. 특별 출연한 메조소프라노 박소연 님 〈하바네라(Habanera)〉(오페라 '카르멘' 중)와 테너 조윤환 님 〈그라나다(Grandaa)〉 Duet, 〈Tonight〉(뮤지컬 '웨스트사이드 스토리' 중) 등 귀에 익은 음악들이 이어졌다. 감성을 일깨우는 우아하고 풍부한 바이브레이션과 어울려 한동안 행복을 주었다.

시선을 사로잡은 어여쁜 아이들이 깜짝 등장하여 신선함을 준다. 맑고 청아한 목소리와 밝고 경쾌한 율동은 옛날 즐겨 불렀던 동요들을 더 정겹게 해 주었다. 관객들을 동심의 세계로 빠트렸다. 〈엄마야 누나야〉, 〈섬집 아기〉, 〈봄 여름 가을 겨울〉 등 합창곡을 협연한 어린이 중창단이 '술래잡기, 살구 받기 놀이, 고무줄뛰기' 등을 팬터마임식 행동으로 보여 준다. 어린 시절을 기억하게 만들고, 나도 모르게 '아, 어릴 때 다리가 길어 고무줄뛰기 놀이 정말 잘했는데.' 하는 생각에 웃음이 나왔다. 어머니 합창단은 삶에서 묻어나는 기품과 아침 햇살 같은 어린이 중창단과의 조화로운 화음으로 깊은 감동을 주었다.

금관악기 5중주가 연주한 곡은 매일 즐겨 듣는 곡이다. 클래식 연주로 이루어진 아름다운 선율은 무대와 관객이 혼연일치되어 하나로 만들었다.

합창회를 매년 3~4회 관람한다. 그때마다 다양한 이벤트와 멋진 드레스, 아름다운 무대는 특별한 즐거움을 준다. 몇 년 전만 해도 합창회가 단조로웠지만, 요즘 합창회는 신나고 흥겹다. 음악에 맞추어 앞뒤 좌우로 몸을 흔들며 힐링하는 모습에서 친구를 발견한다.

그림이 시각적인 예술의 표출이라면 합창은 청각 예술로 청음과 아름다움을 동시에 제공한다. 주부들과 직장인으로 구성된 합창단 구성은 연령대가 다양해 보인다. 언제 모여서 연습했을까, 생각하니 놀랍고 부럽기도 했다. 특히 가정주부가 많다고 하니 '엄마들 최고'다.

현대사회는 주부들이나 직장에 다니는 전문직 여성들이 여가를 잘 활용한다. 문화센터의 다양한 프로그램으로 취미활동을 즐기며 삶의 질을 높이고 있다. 일반 학원에서 취미반 그림 그리기반을 운영하며 동호회를 구성하고 있다.

누구든 내면의 아름다움을 가꾸는 건 좋은 일이다. 돈 주고 살 수도 없을뿐더러 삶에 향기가 묻어나는 정서로 자신의 재능을 키운다.

나는 어떤 향기를 가지고 있을까. 어떤 상큼한 향기로 내면 구석구석을 담아낼 수 있을까. 친구는 만인들에게 기쁨을 주는 청음으로 아름다운 향기를 폴폴 날리고 있다. 눈빛과 목소리만으로도 포근하고 화사하게 마음이 전해져 오는 친구다

틈틈이 손 편지를 써서 주고받던 여고 시절이 아련하다. 같은 공간에서 숨쉬고 지내면서 뭐가 좋았던지, 반 편성이 되고 서먹서먹한 분위기에서 교실을 둘러보았다. 어디선가 화사하

게 웃는 핑크빛 장미 향이 전해와 내가 먼저 다가섰던 친구다. "순간의 선택이 평생을 좌우한다."는 말처럼 진실한 친구와의 만남으로 지금까지 즐거움을 나누며 살고 있다. 지금은 연륜이 쌓여 안정감 있는 삶과 여유로움이 주는 편안함이 좋다. 모든 삶을 소통하며 속마음까지 나눌 수 있는 좋은 친구, 시간과 공간을 초월한 영원한 벗이다.

'친구야, 오늘 네가 젤 이쁘고 멋졌어. 이쁜 입을 쫑긋 오므렸다 폈다 하며 노래 부르는 모습이 무척 사랑스러웠다. 새해에는 우리 서로 각자 분야에서 열심히 노력해 행복한 자양분을 쌓아보자꾸나.'

자랑스러운 친구 모습을 보며 나도 많은 사람에게 행복을 주고, 아픔을 보듬어 줄 수 있는 사람이 되어야겠다고 생각한다.

"여러분들의 노력이 부산시 전역에 가득 차고 넘쳐, 합창을 통한 지역사회 화합과 맑고 밝은 사회 분위기가 조성될 수 있도록 계속 힘써주시길 부탁드립니다."라는 부산시장 축사가 담긴 팸플릿을 읽었다. 내년에는 어떤 이벤트와 내용으로 풍요로움을 담은 초대장이 올지 기대해 본다.

아름다운 하모니 선율이 삶 깊숙이 스며들어, 풍요롭고 행복한 가족, 더 나아가 나이와 시공간을 초월한 행복한 사회가 되었으면 좋겠다.

음악 인생을

부산시립교향악단 정기연주회가 있는 날이다. 부산문화회관 로비는 청중들로 가득하다. 지인을 기다리거나 사진으로 추억을 담고 있는 사람, 작은 카페에서 커피 향을 즐기는 사람들로 붐빈다.

초등학교 저학년으로 보이는 두 아들과 손 잡고 오는 아버지 모습이 눈에 띄었다. 부자간에 다정하게 대화도 나누고, 자리를 이동해 오늘 공연 프로그램 책을 보는 모습을 흐뭇하게 바라보았다.

지금은 사회인이 된 아들과 함께 공연장을 찾던 생각이 난다. 아들을 키우면서 삶 속 깊숙이 음악이 일상이 되길 바라는 마음에 다양한 장르 음악을 접하도록 해 주었다. 중학교 1학년 때, "엄마, 클래식 음악을 들으면 마음이 편안하고 좋아요." 하길래 "그래, 엄마 뱃속에서 태교로 듣던 음악, 아침에 눈 뜨면 늘 함께했던 음악이라 그렇단다." 하고 답했다. 어릴 때부터 장르를 가리지 않고, 들려준 음악을 지금도 즐기는 아들을 보면 흐뭇하다. 가정이라는 울타리 안에서부터 음악이 흐르는 문화생활이 자리 잡았으면 좋겠다.

대중과 소통하는, 명성이 높은 교수님 강의를 들었다. "철학과 클래식의 만남은 지성적인 높이를 갖춘다."라고 했다. 철학은 음악이 주는 감동의 매개 역할을 한다. 꿈을 가지고, 독서하며 음악을 들으면 모든 장르가 한 공간으로 소통됨을 알 수 있다.

음악과 다채로운 문화생활은 자라는 아이들에게 행복과 감성이 어우러질 수 있다. 마음속에 문화 숲을 만들어 줄 필요성을 느낀다. 숲도 작은 한 그루 나무와 이름 모를 풀꽃들이 모이면, 큰 산림으로 어우러져 삶의 휴식을 준다.

음악은, 선율이 주는 감성을 흡수한다. 카타르시스(catharsis)와 희열을 느낄 수 있는 문화 공간에서 내적 역량을 확장하면 언제나 살아 숨쉬는 이상으로 상큼한 향기가 전해져 온다. 오늘 지적 갈증을 채워준 음악도 온몸에 전율이 흐르는 완성도 높은 공연이다. 자연에서 영감을 얻어 풍부하면서 서정적인 주제, 슬프고도 아름다운 멜로디를 담은 엘가의 〈현을 위한 세레나데〉 중 '라르게토', 모차르트 어려웠던 시절 삶이 묻어나는 모차르트의 〈피아노 협주곡 제20번 작품 466〉 곡이다. 열정적인 지휘는 섬세함, 감미로움, 때로는 격정적이고 박진감 넘치는 자연의 변화를 보고 듣는 듯 소중한 시간이었다.

클래식 선율로 공감대를 형성한 아버지가 아들에게 보내는 메시지도 오래전 가슴 설렌 내 마음의 메시지와 같을 것이다. 클래식은 삶의 휴식이고 지친 삶에 위로와 감흥을 준다. 삶 속에 아리고 시린 시간이 올 때도 축적된 정신적 에너지로 슬기로움을 발휘하는 legato(원활하게)의 삶이 되길 바라는 마음이 아닐까. 공연을 접하고 나면 오랫동안 여운이 남아 몸과 마음이 힐링된다. 부자와 같은 공간에서 여유로운 휴식 즐김이 가슴에 남는다.

음악을 접하면서 생각한다. 인생 시작은 in tempo (바른 속도) 선율로 산다면, 아들의 젊음을 필요로 하는 직장에서는 foco, fuoco(열정적으로), 마음과 정신은 liberamente(자유롭게), cantabile(노래하듯이), 인생을 즐기는 삶이 되길….

나도 이제부터 마음과 생각을 larghetto(천천히), giocosl(즐겁게), 나만이 가질 수 있는 noble(고귀한) 것으로 하면서 선율이 흐르는 삶을 영위하고 싶다. 아들과 소통하며 공감대를 형성할 수 있음에 늘 감사한다. 이제는 부산시민회관과 부산문화회관이 통폐합 운영된다는 반가운 소식을 들었다. 문화회관 회원인 나처럼 부산시민들이 행복을 즐기는 일만 남았다. 20대부터 부산시민회관 대극장과 소극장을 순회하며 공연을 관람하던 추억이 아련하다.

다양한 콘텐츠로 전 세계 거장을 만난다. 문화와 공존하는 선율이 어우러져, 자라나는 꿈나무들이 컴퓨터 게임에서 벗어나, 바른 인격 형성과 꿈과 희망을 함께할 수 있는 일상이 문화생활이 되는 날이 하루속히 왔으면 하는 바람이다.

하모니 선율

친구의 합창 정기 공연이 있는 초대장이 왔다. 1년에 한 번씩 아름다운 하모니로 재능기부를 하는 친구다. 단아한 부케 꽃다발을 준비하려고 사무실에서 가까운 꽃시장에 갔다. 마음이 통했는지 꽃집 주인도 부케 꽃다발을 추천한다.

일찍 퇴근하고 꽃다발을 들고 문화회관으로 향했다. 바쁜 하루였지만 잠시 여유를 가지고 싶었다. 따스한 햇볕과 아름다운 가을을 즐기는 방법 중 하나는 문화생활이다. 공연장에 도착하니 기대처럼 1시간 이상 행복을 누릴 수 있다. 레스토랑에 들어가 스테이크와 커피를 마셨다. 오늘은 남편과 함께하는 시간도 친구를 위해서가 아니라 오롯이 나만을 위한 시간이다. 객석에 앉아 다양한 장르의 선율과 하모니에 심취하면서 카타르시스를 느낄 참이다.

대기실에서 친구를 만났다. 친구가 합창단원들에게 지난번 우리 공연 후기 써준 친구라고 나를 소개했다. 단원들이 활짝 웃으며 이구동성으로 정다운 인사를 건넨다.

"어머, 반가워요."

"이번에도 공연 후기를 글 써 주실 거죠?"

잘 부탁한다는 인사를 한마디씩 한다.

화장을 고치는 단원들, 큰 소리로 공연할 노래를 부르기도 하고, 찾아온 지인들과 사진 촬영도 하는 대기실은 훈훈한 온기로 가득했다.

오늘은 제대로 즐겨볼 참이다. 무대에는 피아노 한 대가 덩그러니 놓여 있다. 곧 펼쳐질 무대가 기대된다. 분홍빛 실루엣 의상을 입은 천사들이 입장한다. 열심히 노력한 기량을 드러낼, 재능기부하는 목소리를 가진 사람들이다. 가운데 뒷줄 친구도 화사한 모습으로 눈에 와닿는다. 그녀가 담당한 메조소프라노는 중간 음으로 화음을 받쳐준다.

지휘자가 입장한다. 오늘 공연 잘 부탁한다는 의미로 크게 손뼉을 쳤다. 온몸으로 열정을 다하는 지휘자를 따라 아름다운 하모니가 펼쳐진다.

1부 첫 무대는 합창이다. 첫 곡 〈별〉은 이병기 시인의 시詩에 조성은이 작곡한 가곡이자 동요 곡이다.

> 바람이 서늘도 하여 뜰 앞에 나섰더니
> 서산머리에 하늘은 구름을 벗어나고
> 산뜻한 초사흘 달이 별 함께 나오더라
> 달은 넘어가고 별만 서로 반짝인다.
> 저 별은 뉘 별이며 내 별 또 어느 게요
> 잠자코 홀로 서서 별을 헤어 보노라.

은은하게 울려 퍼지는 가사를 듣는 동안 영혼이 맑아진다. 밤하늘에 별을 헤아리며 시를 읊조리는 시인을 상상해 본다.

〈꽃구름 속에〉라는 곡은 플루트(flute)와 앙상블이다. 플루트와 어우러진 선율이 환희를 일으킨다. 시종일관 멋진 친구 모습에 시선이 머문다.

특별출연으로 타악기 연주 시간이다. 마림바는 실로폰 종류다. 두 개, 채로 때리거나 비비면서 소리를 내는데, 음역이 넓고 부드러워 통통 튀어 경쾌하고 즐거움을 주는 드럼과 잘 어우러진다.

〈그대 내게 행복을 주는 사람〉 등 몇 곡은 누구에게나 귀에 익은 음악들이다. 평소 듣던 노래와 차원이 다른 행복을 전해 주는 속삭임이고 감미로움 그 자체였다.

2부 무대는 엄마와 아들 특별출연이다. 하상무 군의 〈솔바람〉은 하이톤의 맑은 음색과 안정된 바이브레이션으로 많은 박수를 받았다. 알라딘 주제가로 유명한 〈A whole new world〉(완전히 새로운 세상으로)를 엄마와 아들이 멋지게 2중창으로 부를 때는 마법 장면을 상상할 정도로 환상적인 선율 세계로 빠져들게 했다.

마지막 순서는 합창이다. 우리 민족 고유 음악으로 대중화

된 〈아리랑〉, 〈신고산 타령〉, 〈새 몽금포 타령〉이 애절하면서 구성진 곡으로 이어진다. 가을밤을 수놓은 멋진 하모니 공연은 풍성한 무대로 청중과 함께할 수 있어서 더욱 감동적이었다. 무대 지휘자와 합창 단원들이 혼연일치가 되어 청중들의 우렁찬 박수와 앙코르를 끌어낸 소통을 나눈 음악회였다.

음악회를 접하고 돌아오는 내내 가슴 깊이 감동이 머무른다. 오감을 활짝 열고 즐긴 오늘 하모니로 하루를 마감해서 더없이 흐뭇한 행복감이 엄습 해온다.

책갈피를 세월이라고 말한다면, 100세 시대라고 볼 때 아직도 살아갈 날이 많다. 추억은 인생을 노래하는 음악이다. 남아 있는 갈피들에는 음악회와 클래식 선율로 채워질 것이다.

형식보다 마음

할아버지 제삿날이다. 이날은 다섯 며느리에 젊은 숙모, 젊은 질부를 포함하여 8명이 큰집으로 모인다. 맏동서는 갖가지 나물 종류와 생선. 산적 해산물 등 시장을 보아서 재료를 준비해 놓는다. 큰집에 도착하는 순서대로 부엌에 앉아서 콩나물, 시금치, 무, 등 나물거리를 다듬어서 각자 맡은 분야 재료들을 챙겨서 제수 음식을 만든다. 넓은 집이 이날만큼은 좁아 보인다.

내 담당은 튀김이다. 식용유와 튀김할 종류 고구마, 오징어,

새우와 튀김 솥, 튀김을 담을 소쿠리를 챙겨서 베란다에 있는 작은 부엌으로 간다. 튀김용 밀가루 반죽에는 튀김 식감을 위해서 차가운 생수와 얼음, 치자 우려낸 물을 넣는다.

고구마, 오징어는 적당한 크기로 자른다. 오징어는 수분 제거를 위해 밀가루를 골고루 묻힌다. 새우는 머리에 뾰족한 세모와 수염을 자르고 등에 있는 검은 내장을 제거한다. 새우 꼬리는 튀김이 완성되었을 때 핑크빛을 유지하기 위해 밀가루를 묻히지 않는다. 튀김 온도는 소금을 넣어서 확인한다. 소금이 닿는 순간 식용유가 크게 소리를 내면서 방울이 많아지면 튀김을 시작한다. 고구마, 오징어, 새우 순으로 튀김을 한다. 튀김을 할 때 기름이 나빠지는 순서다.

한 종류가 끝날 때마다 식용유를 거름망에 거른다. 가라앉은 찌꺼기는 버리고 새 식용유 3분의 1을 섞어서 튀김 종류를 바꾼다. 튀김 도중 베란다 문을 열고 하늘을 보며 바깥 풍광도 즐긴다. 깔끔하고 노릇노릇한 튀김옷이 입혀져 잘 정리된 튀김 종류를 보면 기분이 좋다. 조상들도 좋아할 것이라는 생각에 정성을 다한다. 제사상에 놓을 튀김은 깔끔하고 모양이 좋은 것은 따로 담아 둔다. 작거나 모양이 못난 튀김은 가족들이 먹는다.

어느 해 제삿날, 사무실 업무 때문에 튀김 준비를 하지 못했다. 큰집에 오는 도우미 아주머니가 튀김을 하게 되었다. 퇴근하고 큰집에 들어서자 동서들이 튀김 박사가 없으니 엉망이 되었다고 빨리 가서 보라고 한다. 가지런히 담겨 있어야 할 튀김은 정리되지 않고 마구 담겨 있었다. 튀김옷이 입혀지지 않았으며, 밀가루 반죽에 물이 많이 들어가고, 튀김 온도가 맞지 않았다. 내가 하던 튀김과는 달랐다. 튀김 하나 집어서 먹어보니 바삭거리는 식감이 없었다.

그날 이후 나는 튀김 박사로 불린다. 성격 좋은 맏동서는 "넷째야, 우리 시장 가서 튀김 장사해도 인기 있겠다."라는 말을 하면서 "하하 호호" 즐거움을 나눈다. 요리를 잘하는 셋째 동서한테서 튀기는 법을 배우고 인터넷을 찾아본 보람이 있었다. 지금도 제사 음식을 만들러 가기 전에 인터넷을 검색해서 특별한 아이디어가 있는지 찾아본다.

제사 음식은 고인의 기호와는 상관없이, 전통적으로 내려오는 예법에 맞춰 준비한다. 근래에 와서는 고인이 좋아하는 음식을 추가해 올린다. 제사를 지낼 때도 가가례라는 말이 있듯이 상에 진설하는 방식도 집안에 따라 다르다.

조상을 모시는 방법이 다양하게 변해 간다. 제사 지내는 시간도 옛날에는 저녁 12시 넘어서 첫닭이 울기 전까지 제사를 지냈다. 요즈음은 자손들 시간에 맞춰 이른 저녁 시간 조상에 대한 예를 갖추는 집이 늘어간다. 제사는 자주 만나지 못하는 자손들이 모여 조상을 추모하며 안부를 나누고, 얼굴 보면서 음식을 나눠 먹는 집안 행사가 되었다. 여행지에서 차례 지내는 기사를 본다. 가족들이 모여 연휴를 즐기면서 조상도 모시는 '효'에 대한 마음은 변함이 없다.

다른 나라도 명절에는 가족과 함께 보낸다. 대만에서는 8월 15일 중추절(仲秋節) 당일에는 가족 친지들과 사람들이 거리에 나와 고기를 구워 먹는다. 그 냄새로 세상이 진동한다는 풍습이 전해져 오고 있다. 미국 명절은 추수 감사제다. 11월 마지막 목요일부터 일요일까지 4일간 연휴를 즐기기 위해 고향으로 돌아간다. 조상들이 즐기던 음식을 준비한다. 구운 칠면

조, 옥수수로 만든 빵, 고구마, 호박파이로 뜨겁고 푸짐하게 해서 나눠 먹는다.

시대가 변했다. 제사상이나 차례상에도 음식을 사거나 주문해서 올리는 집이 적지 않다. 설 차례상 준비를 묻는 채용 플랫폼 '인크루트' 설문조사에서 응답자 828명 중 절반 이상(56.3%)이 "음식 전부 또는 일부를 주문한 음식으로 대체하겠다."라고 대답했다. 요즘은 제사나 차례를 지내지 않는 집도 늘고 있다.

우리 시댁도 가족회의를 했다. 회의 결과, 내년부터 음력 9월 첫 주 일요일, 당일에 추석 차례와 1년 기제사를 함께 지내고, 설 명절에는 가족이 모여서 세배하고 덕담을 나누기로 했다. 성묘는 명절 당일은 차량 정체를 생각해 미리 술과 간단한 음식을 준비해서 예를 갖추어 다녀오기로 했다. 친정은 아버지 뜻을 존중해서 옛 전통을 유지하고 있다. 직장 생활로 바쁜 올케들한테 감사하고 미안하다. 조상께 감사하고 덕을 추모는 하되, 생전 고인이 좋아하던 간단한 음식과 과일 정도 추모는 어떨까, 형식은 마음을 담는 그릇이다. 구로지감을 생각한다.

작은 인연, 소소한 행복

봉사활동에서 만나 가끔 차향을 나누는 동생이 있다. 만날 때마다 엄마와 남편, 직장 이야기까지 깊이 있는 대화를 나눈다. 언제나 마지막은 자신이 근무하는 병원 얘기로 장식하곤 한다.

원장은 환자 진료로 바쁜데도 불구하고 항상 밝은 모습으로 직원들을 챙긴다고 했다. 1년에 한 번씩 해외 의료봉사도 떠나는데 그녀 역시 함께 봉사를 떠난다. 어떤 단체에 있어서 리더 한 사람의 철학은 매우 중요하다. 리더가 어떻게 하느냐에 따라서 함께하는 사람들이나, 봉사를 받는 사람들 모두를 기쁨과 가슴 설레는 행복을 줄 수도 있고, 실망을 안겨 줄 수도 있기 때문이다. 의료봉사를 받는 사람들 마음은 어떨까. 우리도 한때는 외국 원조와 의료지원을 받았는데 이젠 그 고마움과 감사함을 되돌려 줄 수 있다니 떳떳한 자부심과 함께 잔잔한 감동이 온다.

내가 존경하는 사람은 "나는 살려고 하는 생명체에 둘러싸인, 살려고 하는 생명체다." 라는 명언을 남긴 알베르트 슈바이처다. 프랑스령 적도 아프리카 랑바레네에 병원을 개설한 의사이자 선교사로 인류애를 실천한 사람이다. 나도 한때는 아픈 사람들 마음마저 어루만져 주는 '백의의 천사'를 꿈꾸었던 적이 있었기에, 그녀의 봉사를 통한 대리만족이 커다란 의미로 다가온다.

존엄사에 관한 대화도 나눈다. 존엄사란 '인간으로서 지녀야 할 최소한 품위를 지키면서 죽을 수 있게 해야 한다는 견해'로 의사는 환자의 동의 없이 치료행위를 할 수 없는 소극적 안락사라고 한다. TV에서 존엄사에 대한 외국인 취재 방송을 본 적이 있다. 인터뷰를 한 사람은 80대 초반 건강한 남자다. 자녀들은 존엄사 신청이 너무 빠르다고, 극구 만류했다. 하지만 치매로 친구조차 알아보지 못하고 떠나는 여자 친구를 보고 너무 슬펐기 때문에 본인은 건강한 모습으로 사람들이 사랑하고 아쉬워할 때 떠나기로 했다고 한다. 손자와 장난치며 놀기도 하고, 자녀들과 대화도 나누는 아주 행복한 모습을 보여주었다.

우리 주변엔 산소 호흡기에 의지해 생명을 연장하는 사람들이 많다. 본인 고통은 물론이고, 병간호하는 가족들도 큰 아픔으로 와닿는다. 그래서 나는 미리 소생할 가능성이 없는 치료는 하지 말라고, 가족들과 약속했다. 생명은 모두 소중하기에 서로의 삶을 존중해야 한다는 생각이다.

햇살이 좋은 맑은 날이다. 일상을 벗어나 창이 넓은 바닷가 찻집에 자리했다. 하늘과 바다의 경계를 가늠할 수 없는, 하얀 물거품을 즐기며 '행복한 삶'에 대한 이야기를 나눈다. 그녀가 느끼는 행복은 평범한 것이었다. 일과를 마치면 책도 보고, 경관이 좋은 본인의 집 소파에 앉아 차茶 향을 마주하는, 평온한 시간이 행복이라고 한다. 나 역시 삶을 알차게, 사회가 필요로

하는 존재로 살아가는 것이 행복이다. 주어진 일에 최선을 다하는 거창하거나 화려하지 않은 소소한 일상이 행복이라고 이름 짓는 우리, 오늘이란 하루가 영글어 알찬 내일을 기약할 수 있음도 또한 행복이 아닐까.

감미롭고 행복한 여운에 젖어 있을 때 갑자기 그녀가 "언니라고 불러도 돼요?"라며 기대에 찬 눈빛을 반짝인다. 만나면 서로의 소리를 들려주기 바빠 호칭을 잊었나 보다.

"호호, 그렇군. 아직 언니라고 부르지 못했던 거야. 당연히 그래야지. 아님, 아줌마라고 부르려고 했어?" 라며 서로 마주보며 호탕하게 웃었다.

내 안의 나를 들여다보는 명상에 관한 대화를 하면서 나란히 숲길을 걷는다. 풀 내음과 종달새 지저귐이 즐겁다. 그녀는 명상하고 나면 마음도 맑아지고 기분도 가뿐해서 명상을 자주 한다고 했다. 나는 또 다른 내 모습을 앞에 앉혀 놓고, 나쁜 기운과 스트레스는 백회를 통해 내보낸다. 산속 맑은 기운을 몸속에 넣는 방식, 어떤 생각에 머무르지 않고, 그대로 흘려보내는 '마음 챙김' 명상을 한다. 대화와 걷기 명상을 하며 우리를 위한 온전한 하루를 보냈다. 성철 스님 법어가 생각난다.

"고요하면 맑아지고, 맑아지면 밝아지고, 밝아지면 보인다."

내면을 청정하게 해, 내 마음이 들려주는 소리를 들으라는 뜻으로 풀이해 본다.

몸과 마음이 따로가 아닌, 따뜻한 마음을 그대로 전할 수 있는 내 안의 소리를 사랑한다.

나는 그녀와 함께 가끔 공연도 관람하고, 공부하는 모임과 운동 동호회에 초대해 일상을 나눈다. 어느 날, 상자 하나가 배달 왔다. "만남에 감사한다."라는 쪽지와 손목에 하트 모양의 털이 달린 가죽 장갑이 들어 있다. 그녀가 보낸 선물이다. 겨울이 오면, 장갑 속에는 그녀의 따뜻한 온기와 고운 마음이 담겨 있으리라.

자주 얼굴을 대하진 않아도, 그녀를 생각하면 따스한 마음이 느껴진다. 청아함과 옅은 미소로 스며드는 사랑스러운 모습이 정겹다. 소통할 수 있는 인연을 만났을 때, 내 마음도 덩달아 따뜻해질 수 있다. 평범한 일상에서 행복을 나누고 있는 그녀와 맺은 인연에 감사한다.

내가 만드는 초콜릿 인생

오늘 소개하는 영화는 1994년 미국영화 〈포레스트 검프〉다. '로버트 저메키스' 감독이 제작한 1960에서 1970년대 미국사회의 단면(인권운동, 반전운동)을 보여주는 영화다. 언제나 묵직하면서도 어눌한 듯 연기를 보여주는 톰 행크스가 주연을 맡았다. 이 영화는 아카데미 후보 13개 부문에 오르기도 했으며 1994년 아카데미 작품상을 받았다.

어머니 홀로 외아들 포레스트를 키우고 있다. 저능아이며 지체 장애 아이다. 보철기구를 착용해야만 겨우 걸을 수 있다. 일곱 살이 되어 입학을 위해 학교를 찾았다. 그러나 교장 선생님은 포레스트 입학을 허락하지 않는다.

"교장 선생님, 왜 우리 포레스트가 입학이 되지 않는 겁니까?" "예. 댁의 아드님은 IQ가 75이기 때문입니다." "아니, 입학과 IQ가 무슨 상관이 있습니까〉?" "예. 우리 학교는 80부터 받습니다." 어머니가 아무리 사정을 해도 교장 선생님은 포레스트의 입학을 허락하지 않는다. 그러나 어머니 지극 정성으로 이튿날 포레스트는 입학허가서를 받아 낸다.

포레스트의 학교생활은 평탄하지는 않았다. 개구쟁이들의 놀림으로 언제나 힘들어한다. 보철기구를 차고 겨우 한 걸음 한 걸음을 걷고 있는 포레스트를 향해 바보, 병신이라고 놀려대며 그를 괴롭혔다. 가방을 빼앗아 던지고, 우유를 쏟고, 몸을 밀치기도 하였다.

포레스트는 밤낮 학교 가는 길목이나 운동장에 앉아 울고 있었다. 그러던 어느 날 동급생인 여자 친구 제니가 이렇게 말한다. "포레스트, 너 정말 바보야? 왜 밤낮 당하고 있어? 안 되면 달아나기라도 해봐 뛰어가라고." 그날 이후부터 포레스트는 개구쟁이 친구들이 다가오면 놀림을 피해 달아나기 시작한다. 실패하고 또 실패하고 그러나 포레스트는 보철기구를 착용한 채 달리고 또 달린다.

빠른 달리기 능력을 바탕으로 포레스트는 고등학교 때 미식축구를 하게 된다. 대학을 졸업하고, 군대에 들어가 베트남 전쟁에 참여하면서 새우잡이가 꿈인 친구 버바를 만났다. 그러나 전쟁에서 버바가 죽게 되어 친구를 잃는다. 그 이후 군대에서 탁구를 배워 국가대표가 되어 유명해진다. 또한 빠른 다리 덕분에 큰 공을 세워 명예훈장을 받고 난 후 제대하게 된다. 그 후 새우잡이가 꿈이었던 친구 버바를 떠올리며 군대 상관이었던 댄 중위와 함께 새우를 잡아 큰돈을 벌게 된다. 애플사에 투자해서 부자가 되고, 그 돈을 병원과 교회에 기부하고 죽은 전우 가족들에게 나눠준다. 그러다가 포레스트 마음속 옛 동무이자 첫사랑인 제니와 재회로 하룻밤을 보내고 제니는 사라진다.

그 후로 그는 제니와의 달리기 약속을 지키기 위해 3년 가까이 미국 대륙을 뛰고 달리기 영웅이 되어 TV에 나온다. 지친 몸을 이끌고 집에 도착한 포레스트는 TV에서 자기를 본 제니가 보낸 편지를 읽고 제니와 재회하게 된다. 제니에게는 아들이 있었는데 아들 이름이 포레스트였다. 즉 자신의 아들이었고, 제니는 이름 모를 병에 걸려 죽을 운명이지만 포레스트와 결혼한다. 그러나 결국 포레스트는 제니 무덤 앞에 서서 자신의 삶을 회상한다.

"인생은 초콜릿 상자 같은 것." 이 말은 죽음을 앞둔 검프 엄마(샐리 필드)가 남긴 말이다. "제 운명은 뭐죠?" 아들이 묻는 말에 "그건 네가 알아내야 해. 인생은 초콜릿 상자와 같은 거란다. 열기 전까지는 뭘 집을지 알 수 없단다."

우리는 상자 속에 담겨 있는 여러 가지 모양의 초콜릿을 본 적이 있다. 별 모양, 꽃 모양, 동물 모양. 우리는 초콜릿 맛보다는 초콜릿 모양을 보고 집어 든다. 먹다 보면 어떤 것은 사과향 맛이 나기도 하고, 또 어떤 것은 바닐라 향 맛이 나기도 한다. 모양만으로 어떤 맛인지 알 수 없다. 직접 먹어봐야만 그 맛을 알 수 있다. 그런데도 우리는 모양만 보고 선택한다.

인생도 먹고 살아봐야 안다. 난 별 모양이 좋다. 난 꽃 모양이 좋다. 그러나 실제로 좋아하는 모양과 좋아하는 맛은 서로 다를 때가 많다. 겉만 보고 시작한 인생, 살아보니 다를 수 있다. 다행히 겉과 맛이 다 내 취향이라면 이보다 더한 행운이 어디 있겠는가. 선택한 것이 맛없다고 투정 부리는가. 다르다고 불평하는가. 당신이 선택한 초콜릿인데도.

내가 선택한 초콜릿. 그게 당신이다. 선택한 삶을 바꿀 수 있다면 당신은 초자연자다. 그러나 초콜릿을 바꿀 수 없다면 내가 가진 초콜릿으로 달인이 되자. 내 인생은 내가 만드는 것, 달인은 내가 만드는 것이다. 중요한 건 계획된 인생을 사느냐, 현명한 선택을 하느냐가 아니다. 영화는 선택 그 자체보다 선택을 현명하게 만드는 선택 이후의 과정이 더 중요하다는 것을 보여준다.

우리는 꿈에 대한 의미를 모른다. 무엇이 돼야 한다는 강박 속에 살기 때문이다. 그때 누군가는 이렇게 말했다. "꼭 무언가가 되려고 하지 마세요. 그러면 그것이 될 수 없어요." 많은 사람이 〈포레스트 검프〉를 인생의 교과서로 꼽는 이유는 인생을 살아가면서 도전과 극복하는 법을 일깨워주는 꿈의 아름다움을 알려주기 때문이 아닐까.

4부
사람과 사람

내 안의 그녀

그리움이 껌처럼 착 달라붙는 아담한 여인 이야기다. 항상 밝은 얼굴, 낫낫한 성격에 누구에게나 인정스러운 그는 보통 키에 얼굴이 작고 하얀 피부에 웨이브가 있는 머리는 정갈하고 단아하다.

가족을 잘 챙긴다. 어느 날 도시락을 들고 가는 딸을 위해 밥을 짓는다. 홍합과 소고기를 다져서 갖은양념으로 밥을 볶은 다음 채소 속을 넣어서 김밥을 만다. 맛과 영양을 한꺼번에 누린 엄마표 김밥은 단번에 명성을 크게 얻었다.

가족 일기장이 있다. 네 명, 자녀들이 태어날 때 가족 분위기가 메모가 되어 있다. 첫 돌날, 첫째는 실, 둘째는 돈, 셋째는 연필, 넷째는 책을 집었다. 가족이 모이면 가끔 돌날 집었던 물건에 관한 이야기를 나누며 웃음을 자아낸다. 실을 집은 첫째는 오래 살아도 민폐라며 농담 섞인 걱정을 하기도 한다.

가족 생일날은 촛불을 켠다. 생일날 아침에는 소담스러운 교자상이 차려진다. 미역국과 팥밥, 나물, 생선, 과일, 떡, 정화수 한 그릇을 놓는다. 옆에는 돈을 가지런히 놓고 책을 펼쳐 놓고 두 손을 모아 기도를 한다. 오랜 세월 세뇌된 딸도 결혼해서 엄마가 하던 모습을 그대로 하고 있다.

그녀는 일찍 엄마를 여의고 마음씨 좋은 새엄마 곁에서 자랐다. 한 살 연하 남편과 결혼했다. 남편은 깔끔하고 본인 위주로 삶을 사는 안정된 직장인이다. 식단은 채식주의, 식물 단백질, 의복 챙김도 멋쟁이로 까다로웠다. 열 번 손을 씻으면 열 번 로션을 발라야 하는 남편이다. 그녀는 흰색을 좋아하고 집안은 먼지 한 점 없이 깔끔하다. 내조도 잘하였다. 어느 날 집안 청소하다 선반 위 물체가 머리 위에 떨어졌다. 순간 눈앞이

캄캄해 일어설 수가 없어 한동안 앉아 있었다. 그날 이후 기억력이 조금씩 없어진다고 한다.

병원에서 알츠하이머 초기 진단을 받았다. 유명한 의사를 찾아 약물 치료를 받고, 시간이 흐르면서 주간 보호 시설 프로그램 참여도 즐겁게 하였다. 일상생활에 잘 적응하던 어느 날, 행동에 변화가 왔다. 그녀는 큰 대야에 물을 담아 평소 아끼던 코트 등 옷을 적셔 아파트 문 앞에 버렸다. 하얀 티슈를 찢어 세모, 네모 모양 등을 만들어 아파트 화단 나무 위에 던졌다. 눈이 내린 것 같은 나무 위를 매일 청소하는 남편을 보고 청소 아주머니는 자기가 치우겠다고 걱정하지 말라고 한다.

입원 문제로 가족회의를 하였다. 남편은 입원에 반대하며 아직은 자신이 책임질 수 있다고 한다. 자녀들 앞에서 힘들다는 푸념도 했지만, 아내를 잘 보호하고 사이가 좋았다.

몇 년, 세월이 흘렀다. 친구 만나러 가서 집을 찾아오지 못하는 일이 생겼다. 지구대에 신고하고, 온 가족이 흩어져서 아파트 주변과 먼 거리까지 몇 시간을 찾아도 찾을 수가 없었다. 늦은 시간 힘없이 앉아 있는데 지구대에서 연락이 왔다. 정신

병원에 계신다고, 그녀는 집에 와서 힘들었던 시간은 잊어버리고 가족이 다 모였다고 좋아하며 환하게 웃는다.

집에서 보호가 힘들어 입원했다. 화초에 물 주는 것 좋아하고, 기억이 있을 때는 주변 환자들한테 도움을 준다. 누워있는 환자에게 말동무도 되어 주고, 수건에 물을 적셔 얼굴도 닦아 주는 그녀를 간호사들은 착한 치매라고 불렀다.

우리의 과제는 건강한 노후를 보내는 것이다. 남보다 일찍 치매를 겪기 시작한 그녀를 생각하면 늘 가슴에 무거운 돌이 얹힌다. 달려가서 눈을 맞추며 따뜻한 온기를 나눌 수 있는 많은 날, 마음속 우물을 퍼 올렸다. 그녀는 시간을 넘나들며 젊은 시절의 추억에 머물러 있었다.

'운동 알약'으로 알츠하이머 치료하는 날이 온다는 소식을 접하면서 희망을 품고 간호하는 남편 정성에도 불구하고 건강이 나빠지고 있음이 눈에 와닿았다. 병원에서는 일주일에 2번씩 링거액으로 야위어가는 몸을 적셔주었지만 걸어서 다니던 쇠잔해진 몸은 병실 밖으로 나가는 걸 막고 있었다.

전화음이 새벽을 깨웠다. 간호사로부터 환자 호흡이 좋지 않다는 연락이 왔다. 딸은 수화기를 들고 마음의 갈피를 잡을 수가 없었다. 정신을 차려 병원으로 향했다. 편안한 모습으로 누워 우리가 하는 말을 알아들었다. "이제 속세의 모든 것 내려놓고 마음 편히 가세요. 아버지는 저희가 잘 모실게요. 사랑합니다. 고맙습니다."라며 귀엣말로 전했다. 손에 힘을 주며 눈가에서 눈물이 흘러내렸다. 따뜻한 손길로 현세에서 마지막 사랑을 나누었다. 그녀가 떠났다. 세상은 일순간에 텅 빈 풍경이 되었다.

내 안에서 영원히 숨쉬고 있는 공기와도 같은 단어, '엄마.'

'회자정리會者定離'를 마음에 담아 본다. 이 세상 영원한 것이 없듯이 만남은 반드시 이별이 있다. 남들보다 조금 일찍 먼 여행을 떠났다는 생각을 하며 마음을 다독인다.

이제는 세월이란 단어가 아련한 삶의 추억을 조금씩 지워가는 중이다. 눈이 시리도록 청아한 하늘을 보며 사랑스러운 그녀를 불러본다. 새삼 엄마에 대한 그리움이 껌처럼 착 달라붙는다. '엄마, 내 엄마여서 감사합니다. 사랑합니다.'

사람과 사람

고령화로 접어드는 사회다. 노후의 내 삶을 그려보고 싶어 사회복지학과 3학년 편입을 했다. 사회복지사 2급 자격증 취득을 위한 사회복지 현장실습을 하러 갔다. 무더운 여름, 기관 분석, 문서 작성법 등을 익히며 실습은 두려움과 설렘으로 시작되었다.

사례관리 부분을 실습할 때다. 사례관리 대상자는 실습지도자가 부산역에서 노숙자 상담 중 왜소한 체격을 가진 어린 남자 노숙자였다. 상담하고 기초생활보장수급자로 등록해 사회 도움을 받을 수 있도록 도움을 주었다. 고 한다.

사례관리 대상자는 어려운 환경 탓으로 온전히 혼자 세상을 배워가고 있었다. 인생이 늘 행복해서 사는 사람은 없다. 삶 속 고달픔을 배워온 대상자는 첫 만남에서 눈을 맞추지 못하고 행동과 사람을 대하는 모든 면에서 익숙하지 않았다. 혼자 컴퓨터 앞에 앉아 무엇을 하는지 숨조차 쉬지 않는 모습이었다. 고달픔을 짐 지고 있었다.

간식을 챙겼다. 방울토마토, 삶은 달걀, 빵 등 잘 먹지 않는 냉커피까지 곁들여 간식을 준비했다. 곁에 앉아서 감자 껍질을 벗겨 주고, 다정한 누나 같은 마음으로 챙겨주었다. 먹지 않으려고 하면 건강을 생각해서 먹자고 하면서 약간 강제성도 있었다.

며칠이 지났다. 내 진심이 통했는지 배시시 웃으며 "아이고, 먹기 싫은데 자꾸 먹으라고 하니 또 간식을 먹어야 하겠네."라고 한다. 활짝 웃게 만들고 싶은데 재미있는 이야기를 할 줄 몰라 서먹하게 끝나 무척 아쉬웠다.

마음을 얻는다는 것은 쉬운 일은 아니다. 진심이란 믿음이 통하는 것이다. 나는 친해지고 싶어서 아는 것도 물어보고 대화를 시도하면서 따뜻함을 그대로 보여주었다. 실습을 마치고 집으로 돌아올 때는 작고 가냘픈 손이 생각나 애잔한 마음이 가슴에 담겼다. 자신감을 가질 수 있도록 도움을 주고 싶었다.

실습이 끝났다. 저녁을 함께하기로 한 날이다. 자신이 살아온 삶을 진솔하게 들려주었다. 본인이 유아기에 어머니와 아버지는 이혼하고, 어머니가 가출하신 후 아버지는 돌아가셨다. 장례식은 거주하던 시의 지원을 받았다고 했다. 어머니 소식은 알 수 있지만 찾지 않는다고 하였다. 어머니와의 만남이 두렵기도 하고 서로에게 짐이 되면 안 된다고 생각하고 있었다.

누구나 삶을 펼치면 기쁨과 슬픔이 공존한다. 나는 희망과 즐거움은 스스로 만든다고 하면서 아무렇지 않다는 듯 담담하게 이야기를 들어주었다. 오랫동안 가슴에 꾹꾹 담겨 숨어 있던 단어들이 문장으로 연결된 이야기를 들으니 마음 한구석이 아렸지만, 오히려 가슴이 후련하다.

안부 전화가 왔다. 자신감 있는 목소리가 저 너머 멀지 않은 거리에서 와닿았다. 밝은 표정과 정겨운 웃음, 먼저 자신의 일상을 이야기하는 긍정적인 모습으로 변해가면서 닫혔던 마음의 문이 조금씩 열림을 알 수 있었다. 지금은 대학에 진학해 복지학과 공부를 하는 중이다. 졸업하면 복지사를 하겠다고 열심히 살고 있다. 인생을 살면서 누구를 만나느냐에 따라 삶의 질이 달라진다는 말이 와닿는다.

내 나이 20대, 회사에 근무할 때 일이다. 여직원회장을 맡으면서 직원들을 주도해서 주기적으로 보육원을 방문했다. 아이들과 친해지니 한 아이가 집 주소를 물으면서 집에 놀러 오고 싶다고 하였다. 엄마한테 이야기했더니 보육원 방문해서 사랑을 나누는 것으로 만족하라는 냉정한 답을 들었다. 가끔 그 아이 얼굴은 기억할 수 없지만, 마음이 불편했던 기억이 난다.

세상에 완전한 사람은 없다. 사람이 사람을 평가한다는 것은 어려운 일이다. 실습장에서 사례관리대상자와 첫 만남에서 그에게 장애가 있음을 알 수 있었다. 마음을 열고 보니 장애라기보다는 사람과의 관계를 어떻게 맺어야 할지를 몰랐을 뿐이다. 자기표현이 부족하고 자존감이 없었다. 누구와도 만남이 없었다는 이야기를 들었을 때는 마음이 아팠다.

오늘 하루가 맑고 쾌청하지만, 내일은 구름이 가려서 햇살을 볼 수 없는 날도 있다. 나이와 삶이 다르지만, 두 번 만남을 가지고 난 후는 적극적이다. 점심 먹었느냐는 안부 전화도 오고, 오늘 속상한 일이 있었다는 하소연도 한다. 목소리로 안부를 전하고 가끔 얼굴을 보며 마음을 나누고 있다.

사람들은 각자 시선으로 세상을 본다. 실습지도자는 지금도 어려운 이웃들한테 폭넓은 상담을 해주고 사회복지사로서 봉사하는 삶을 실천하는 사람이다. 보이지 않는 곳에서 선행을 베풀고 어려운 이웃을 보듬어 주며 이끌어 주는 삶을 살고 있다. 실습지도자와 사례관리자가 따뜻한 인연이 오래 지속되었으면 하는 바람이다.

인간이 지향하는 궁극적인 삶의 목적은 행복이다. 내가 행복하면 가족이 행복하고 사회가 행복해진다. 필요로 하는 사람이 있을 때 따뜻한 손을 내밀어 소통하고 부대끼면서 살아간다. 사람과 사람이라면 그렇게 해야 한다. 마음은 이미 복지사 길을 걷고 있다.

룰루랄라

바람 속 기운이 훈훈한 6월 오후다. 아들 내외와 우리 부부가 함께 산책을 나섰다. 하늘, 숲, 물빛이 어우러진 성지곡 수원지를 찾아가는 발길이 가볍다. 목적지는 시민들 휴식처로 사랑받고 있는 도심 속 공원 성지곡 수원지다.

산책로 입구부터 피톤치드 향이 반긴다. 숲길을 올라가 바라본 하늘과 호수를 감싸고 있는 나무들은 물속에 담기어 색다른 아름다움을 제공한다. 바람에 몸을 맡긴 나무는 조용히 가지를 흔들며 우리 일행을 맞이하고, 경계도 없는 내 기억이 바람같이 이리저리 넌출거린다.

이곳에 오면 이미 지워졌거나 까마득했던 일들이 어제처럼 명징하게 되살아나 마음은 더욱 설렌다. 20대 내 젊은 날, 호수 풍광이 담긴 빛바랜 추억과 기억들이 떠오른다. 흰색 비옷을 입고 멋을 부리고 서 있는 여자로 변신하기도 한다.

30년 전 일이다. 아들이 말을 시작할 무렵, 어느 초여름 날 물개 쇼를 관람하러 갔다. '물개 쇼' 시간을 맞추기 위해 우리 부부는 아이를 안고 늦지 않으려고 뛰었다. 앞 좌석이 텅 비어 있었다. 좋은 좌석인데 왜 비어 있지, 하고 얼른 가서 앉았다.

물개는 물속을 미끄러지듯이 둥근 링을 통과하였다. 두 팔로 손뼉 치기를 유도하는 등 장기자랑을 하면서 우아한 자태로 관객들한테 즐거움을 주었다. 물속으로 '스르륵' 들어갔던 물개가 갑자기 우리가 앉은 좌석으로 몸을 바꾸더니 물을 몇 차례 뿜었다. '아뿔싸' 우리 가족은 물에 빠진 생쥐가 되어버렸다. 그래도 처음 본 물개 쇼가 재미있다고 깔깔 웃는 아들과 남편은 함박웃음을 피웠다. 기린, 원숭이, 사슴을 차례로 관람하고 나니 옷이 뽀송뽀송 말랐다.

비명을 지르면서 놀이기구를 즐기던 어른들과 아이들 모습이 떠오른다. 아들과 남편이 놀이기구 타는 동안, 고소공포증이 있는 나는 멀리서 지켜보기만 했던 기억들이 아련하다.

오솔길로 들어선다. 숲속을 걸으면 풋풋한 산 내음이 코끝을 자극한다. 흐드러진 나뭇가지가 남실바람에 춤을 추어 흥을 돋우고, 날아드는 새들이 재롱을 떤다. 나뭇잎들도 살래살래 부채질해 준다. 새소리와 바람과 나뭇잎이 어울려 부대끼는 정겨움에 마음이 설레며 며늘아기와 나는 손을 꽉 잡았다.

호수에 담긴 맑은 하늘은 청아함을 자아낸다. 나는 걸음을 멈추고, 숲과 호수가 주는 자연의 신비로움에 넋을 잃는다. 아들이 슬며시 내민 아메리카노 커피 한 잔을 마시며 잔잔한 물위를 여유롭게 헤엄치며 노닐고 있는 오리 가족들을 본다.

그동안 아들에게, 밥을 챙겨 먹어라, 운전 조심하라, 술을 적게 마시라, 뭐 그런 시시콜콜한 말만 했지만, 이제 며늘아기에게 바통을 넘긴 듯하다. 아들을 향한 내 열정과 사랑으로 생긴 온갖 시름들이 사라지는 느낌이 든다. 아들 내외가 부부 교사로 아껴주고 사랑하며 잘해 나갈 것으로 생각하니 안심이 된다. 며늘아기와 나는 눈 맞춤으로 말없이 대화를 나누었다.

며느리와 나는 서로의 삶을 옆과 뒤에서 지켜보아 주는 조력자 역할을 마다하지 않을 것이다. 세상에 며느리만큼 고마운 이름이 있을까. 내 아들을 평생 돌봐줄 귀한 인연에 울컥 목이 메어왔다. 새삼 지난날이 그리워지면서 이유 없는 눈물이 난다.

나무의 연륜을 주제로 가족 간 대화를 나누었다. 나무도 어느 장소에서 사느냐에 따라 그 존재와 의미가 달라 보인다. 한적하고 공기 맑은 성지곡에 턱 버티고 선 나무는 풍족함에 여유가 넘친다. 도시 가로수는 자동차 배기가스에 찌든 것이 안쓰럽다. 우리 인생길이나 나무의 삶이 하등 다를 것 없다는 생각이 든다.

남편은 늙은 나무가 아름답다고 한다. "아무것도 바라지 않고, 모든 걸 침묵으로 일관하면서 나무뿌리는 지하의 물을 찾아다닌다."라고 해 가슴이 뭉클해져 왔다. 늙은 나무는 세상 아버지들의 삶을 대변하는 것 같다. 할아버지가 갔던 길을 아버지가 따라가고 세월이 지나면 아들이 다시 밟는다.

앞서 걷고 있는 아들 어깨가 젊은 시절 제 아버지처럼 믿음직스럽다. 가장이라는 책임감을 얹고서 더 단단해진 어깨와 등을 보면 결혼은 남자로 우뚝 세우고 성숙하게 하는 긍정적인 힘을 지니는가 보다. 그건 사랑이 주는 힘이기도 할 것이다. 가장이라는 이름 위에 짐이 쌓이고 등이 휘고 머리도 하얗게 변해가겠지. 새삼 남편에 대한 안심찮은 마음이 가슴 끄트머리까지 스며든다. 마음이 짠해진다.

지식이 있는 사람은 물을 좋아하고 인자한 사람은 산을 좋아한다고 한다. 성지곡은 둘 다 충족되는 곳이다. 전나무, 편백, 삼나무들 숲속을 걸으면 피톤치드 향이 시원스럽게 세포를 재생시켜 주는 느낌이다. 나뭇잎을 스치면 초록 내음이 싱그럽다.

빛을 담은 호수는 자연 변화에 순응하는 인생 노래를 들려주고, 자신을 돌아볼 수 있는 차분한 쉼을 준다.

입 안 가득 바람을 베어 물면 마음도 초록으로 물든다. 오랜만에 평화를 누리는 호사로움에 심신이 느즈러진다. 성지곡 기운을 받은 아들 내외와 우리 부부는 메지 싼 마음속 문을 열어 계절이 주는 향기를 한껏 받아들인다. 룰루랄라 아이 좋아, 콧노래를 부르니 사랑스러운 풍경이 내 마음에 쏙 안긴다. 따뜻한 온기 하나 안고 가는 행복한 오후였다.

만남

찌는 듯한 대낮 햇살이 부담스럽다. 코로나가 블랙홀처럼 빨아들인 2년간 세월은 서서히 일상으로 돌아오고 있다. 참새가 방앗간 드나들듯 매시간 대화방을 드나들면서 사람들을 만난다. SNS 발달로 단체톡에서 관심 있는 사람들은 프로필도 확인한다. 약 200명이 머문 작가들 대화방은 축하와 격려, 환영 글과 다양한 좋은 소식들로 하루를 꽃피운다. 서울에서 문학기행 온다는 글을 보고, 여행하지 못해 설렘을 잃어버렸던 내 삶을 돌아본다. 부럽기도 하고 합류하고 싶은 마음이 가득하다.

서울 행사에 참석하면 예매한 열차표 시간으로 만남을 즐기지도 못하고 집으로 오기 바쁘다. 문학기행 2박 3일 코스 중 부산에서 1박 일정을 보고 내 일정도 조절해 본다. 나는 부산에서 저녁 행사에 참석하기로 정하고, 무엇을 준비할까 잠시 고민해 본다. 저녁 식사 후 후식이라 여름에는 시원한 수박과 과일이 최고라는 생각이 떠올랐다.

매 순간은 향기를 가진 추억 한 페이지가 된다. 추억도 설렘이 있어야 하기에 오늘밤은 보고픈 사람들을 만나 추억의 향기를 간직하리라, 문학기행 일정표 중 아름다운 부산 풍광들이 핸드폰 화면을 채우고 가지런한 치아가 환한 미소를 만난다. 자주 거닐던 광안리 바다는 물빛과 하늘빛이 서울에서 온 선생님들을 더 반기는 듯하다. 병풍처럼 펼쳐진 현대와 공존하는 바다가 어우러진 다이아몬드 브리지를 배경으로 팔을 활짝 펼친 모델들 포즈가 우아하다. 각자 의상은 여름 패션을 연출하고 다양한 디자인으로 된 모자도 멋스럽다.

만남은 설렘이다. 사람을 만나는 즐거움이란 이런 것이 아닐까. 아직 얼굴을 마주본 건 아니지만 마치 함께 여행하는 듯한 나 자신을 발견한다. 환하게 웃는 영상을 보면서 마냥 즐겁고 행복해지는 마음, 그들 행복이 나에게 웃음을 자아내게 해 어느새 나는 따듯한 미소로 웃고 있다. 내가 가진 걸 무엇이든 나누고 싶은 기분으로 마음이 따뜻해져 온다.

퇴근하고 예약된 호텔에 도착했다. 문학기행 온 선생님들은 이미 도착해 있었다. 일찍 도착해서 깔끔하게 상을 차려놓고 맞이하고 싶었는데 아쉬움이 들었다. 저녁 행사가 시작되었다. 자주 만나지는 못했지만, SNS를 통해서 뵙던 한 분 한 분이 소중하게 다가왔다. 글을 쓴다는 공감대가 있어 오랫동안 함께했던 분들처럼 정겨움이 느껴진다. 인사말과 격려사를 하는 선생님들은 서로를 아끼고 칭찬하는 좋은 말들이 뇌리에 와닿는다.

인사를 나누는 시간 나는 '부산으로 문학기행 오심을 뜨겁게 환영한다. 소중한 만남을 오래 기억하겠다.'라는 인사말을 하고 싶었는데 반가움에 알맹이 없는 인사말을 한 것 같다.

후식 타임이다. 쫄깃쫄깃한 갈색 족발이 접시에 얌전하게 담겨있고, 싱싱함을 자랑하는 분홍빛 새우젓, 마늘과 양파, 고추가 담긴 접시도 입맛을 돋우고 있다. 먹기 좋게 썰어 접시에 담긴 수박, 밀감, 대추토마토도 제 인물을 자랑하고 있다. 건배 제의할 때는 가슴 깊이 숨어 있던 뜨거움으로 만남이 단단하게 굳혀지는 시간이었다.

장기자랑 시간이다. 낭랑한 목소리로 들려주는 시 낭송을 감상하면서 시상에 젖어 본다. 꾀꼬리 같은 목소리로 창을 들려주던 선생님들은 여유로운 표정과 무대 경험이 많은 것 같았다. 멋진 목소리로 노래 한 곡을 시원하게 불러 앙코르를 받아 팝송을 열창할 때는 학창 시절을 생각나게 했다. 노래 부른 선생님은 같은 테이블에 앉았던 선생님이었다. 내 어깨도 으쓱 올라가는 기분이다. 하모니카 연주로 즐거움을 주는 노랫가락에 흥을 즐기는 일심동체가 되었다. 숨겨진 끼를 미처 발산 못한 분들도 많은 것 같았다.

반응이 좋은 선생님들이다. 위로가 필요할 때 웃으며 손을 내밀어 주고, 안아 줄 수 있는 분들이란 걸 알 수 있었다. 한 무대가 끝날 때마다 호탕하게 웃으며 손뼉을 힘껏 쳐주는 모습을 보면서 카타르시스가 되었다.

2년 동안 고갈되었던 자아 충전이 되었다. 만남에는 일상을 소담스럽게 나눌 수 있는 이웃과 만남, 서로 정보를 공유하는 업무적인 만남, 취미와 삶을 공감하는 만남이 있다. SNS에서 만난 선생님들은 가족 같은 분들이기에 단 몇십 분 만에 오래 만났던 사람들처럼 교감을 나누었다. 함께 문학을 논하는 만남이라 감성과 정서가 같다는 공통점 때문일 것이다.

문학기행을 통한 만남은 특별하다. 남을 배려하고 더불어 사는 마음을 주고받을 때, 우리 삶이 한층 값지고 아름다워진다는 것을 알았다. 산다는 건 정을 주고받는 만남이 아닌가. '시절 인연'이란 말이 생각난다. 모든 인연에는 오고 가는 시기가 있다. 굳이 무리하지 않아도 만나게 될 인연은 다 만나게 되어 있다. 오늘 저녁 만남으로 내 존재 의미를 재확인할 수 있다는 생각에 자존감도 올라갔다. 우리 만남과 스토리텔링은 지금부터 시작이다.

엄마의 정원

폭염이 녹색으로 덧칠한 여름은 뜨거운 태양을 안고 왔다. 누구나 텃밭에서 키운 채소를 먹는 친화적인 삶을 원한다. 올여름 텃밭을 배워 보기로 하였다. 도시 농업인 체험장에서 여러분들을 만났다. 귀농을 준비하는 사람, 나처럼 텃밭에 관심 있는 아주 초보적인 사람들이 모였다. 우리가 기르는 상추와 갖가지 농작물을 보면서 대화가 펼쳐진다. 옛날 농사짓던 시절, 수박이 먹고 싶어 아버지가 기르는 밭에서 몰래 수박을 먹었다는 이야기부터 텃밭 가꾸기란 공통점으로 저절로 마음이 열렸다.

풀잎들 대화를 즐긴다. 감자밭에서 풀을 힘껏 당기니 성질 급한 어린 감자가 바깥세상을 보러 왔다. 아직 이르다고 알려주고 제자리에 깊이 묻어 주었다. 흙이 주는 특유한 냄새를 음미하며 풀과 친구가 되려 한다. 풀과 감자는 자리다툼이 심하다.

풀을 다 뽑아도 일주일 후에는 어느새 풀이 자라 흙이 있는 공간이 보이지 않는다.

밭고랑 위에 검은 비닐로 덮기를 한다. 바닥덮기를 위에 홈이 파인 막대로 고구마 순을 담아 흙에 묻으니 쉽게 고구마가 심겨진다. 고구마 순을 보니 돌아가신 엄마 생각이 난다. 고구마 철이 오면 제철 음식을 먹어야 한다고 한 잎 크기 고구마에 배추김치를 얹어 한입에 쏙 넣어 주시던 엄마가 그립다.

팀을 나누어 테마를 담은 텃밭을 만들기로 하였다. 텃밭 제목, 설계, 꽃과 상추 배치도까지 완전한 텃밭을 꾸미느라 몰입이 되었다.

'엄마의 정원'으로 우리 팀은 제목을 정했다. 엄마의 사랑을 먹고 자라면 작물이나 사람이나 반듯하게 자랄 것이라고 마음을 모았다. 사랑을 담은 심장에는 메리골드로 채웠다. 하트가 돋보이도록 주변에는 허브와 꽃으로, 잎채소인 상추는 밭 입구에 심기로 하였다. 일심동체가 되어 그림을 그린 땅 위에 한 송이씩 모종을 심기 시작했다. 심장 하트가 선명하게 드러나면서 '엄마의 정원'이 되었다.

2팀은 제목이 '아기자기 쑥쑥' 밭이다. 사랑을 받으면서 튼튼하고 아기자기하게 꽃을 피우며 쑥쑥 자라라고 그런 이름이 붙여졌다고 했다. 밭에 가면 옹기종기 식물들이 잘 자라고 있다. 제목을 생각해서 그런지 서로 키를 재는 듯 다정하게 속삭이는 모습을 볼 수 있다.

3팀은 '향기 나는 와이셔츠' 밭으로 만들었다. 옛날 와이셔츠 입고 근무할 때를 떠올리며 이름을 지었다는 현실감이 있으면서 추억을 생각할 수 있는 기발한 착상이다. 텃밭도 와이셔츠와 넥타이, 단추까지 표현했다. 애플민트, 로즈메리, 방아, 상추, 콜레우스, 멜리포리움으로 꾸며 놓았다. 작은 팻말에 "오늘이 제일 젊다."라고 쓴 글귀가 시선을 끌었다. 누구에게나 지난 시간은 추억으로 남아 옛날을 떠올려준다. 각 팀이 정한 밭 제목이 가진 공감대와 아이디어가 좋아 보였다.

30도 이상 된더위에도 선풍기 몇 대에 의존하며 비닐하우스 안에서 이론 수업을 듣는다. 수업이 끝나면 밭에 나가 풀을 뽑고 작물을 기른다. 배움에 대한 열정에 젖어 어느 사람도 불평하지 않는다. 작업 시간이 끝나고 김치에 두부 막걸리 먹는 시간을 위해 밭에 가서 어린 상추를 따서 씻은 적이 있다. 그런데 집에 나눠 가져가려고 상추를 따던 사람들이 상추를 딸 줄 몰라 목이 달아났다고 해 웃음보가 터졌다. 많은 사랑을 텃밭에 쏟으며 덥다는 핑계를 대본다.

텃밭으로 향하는 발걸음이 가볍다. 햇발을 즐기는 오이와 수박, 연지곤지 찍고 뽐내는 방울토마토, 감자들, 싱싱한 잎이 나를 기다리고 있겠지. 하트에 담긴 꽃들과 상추는 잘 자라고 있을까. 열무에 벌레가 붙어 구멍이 숭숭 뚫렸지만, 안부를 묻는 내 목소리를 들려주고 싶다. 작물들은 땅 위를 헤집고 나와 세상을 향해 행복을 준다. 꽃. 식물은 키우는 과정은 힘들지만 싹과 잎, 꽃, 열매를 보는 재미가 크다.

생명력이 있는 것은 적응력이 좋다. 상추와 방울토마토를 심어 볼까. 마당에 작은 스티로폼 상자라도 준비해서 작은 텃밭을 만들려고 한다. 잎채소인 상추가 자라는 모습, 빨간 방울토마토가 주렁주렁 매달린 모습은 생각만 해도 즐거움이 와닿는다. 마음은 이미 상추와 방울토마토 수확을 눈앞에 둔 농부 심정이다.

농사짓는 농부 마음을 헤아려 본다. 농산물 가격도 한 해 수확량에 따라 값이 천차만별이다. 어느 해는 양파값이 폭등하는가 하면, 어느 해는 배추를 갈아서 엎는 해도 있다. 요즘 시골에는 노는 땅이 많다고 한다. 농사짓는 사람들이 부족하기 때문이다. 농기구 도움을 받는다는 것은 알지만 시골에 젊은이들이 가지 않으려고 하는 것이 현실이다. "재물 보기를 땅바닥에 굴러 있는 개똥같이 보고 땀 흘려 농사짓는 생활에 자족했었다." 하는 구절을 소설 《토지》에서 본 기억이 난다. 세태 변화를 실감한다.

농촌에서는 색채만으로도 아름답다. 무엇을 더하지 않아도 다양한 채소와 사람 향기가 자연과 어우러진 밭이다. 상추를 한 잎 따면 하얀 물이 고인다. 올여름 수확한 채소와 상추에 밥 한술 얹어 입 안 가득 넣으면 쓴맛과 탄수화물이 어우러진 맛을 즐기게 된다.

오이 넝쿨을 보며 우리 삶도 식물과 같다고 생각한다. 어린 싹을 틔우고 꽃을 피우고, 사람들 손에 열매를 안겨 주고 나면 식물은 제 할 일을 다 한다. 그리고 식물은 시든다. 사람도 태어나 부모 사랑을 받고, 그 부모는 자녀를 길러 출가시키고, 노년기를 지나면서 삶을 마무리한다. 여름을 담고 알곡 영그는 소리가 들리는 날, 텃밭 가꾸기도 마무리된다. 그동안 자연은 꾸준히 노래한다. 계절이 익어가는 삶의 향을. 텃밭 사랑도 내려놓고 그림 같은 들판을 보면 도시 농업인 체험장에서 만난 텃밭이 그리워질 것이다

소확행

식탁에 오른 상추가 상큼한 여름을 연다. 햇살을 따라 찾아온 여린 잎이다. 사계절 구분 없이 온실에서 가꾼 갖가지 채소를 풍성하게 먹는다. 상추는 전 세계적으로 재배되고 있다. 샐러드용으로 소스와 곁들인 상추 맛은 일품이다. 특히 결구상추는 식감이 부드럽고 담백하다. 아삭아삭한 맛으로 모든 음식 재료와 짝을 이룬다. 잎에 윤기가 흐르고, 검은색 반점이나 상처가 없는 것이 건강한 상추다. 어린잎은 만지면 녹아버릴 것 같아 씻을 때는 조심스레 식초 물에 담가 둔다.

집 옆에 텃밭이 있었다. 2~3평 밭에 상추와 방울토마토, 무를 심었다. 키울 줄 몰라 공부도 하고, 옆 텃밭 지인에게 물어보며 재미있게 키웠다. 새벽에 일어나 물을 준다. 강한 햇볕이 내리쬐는 낮에는 축 늘어져 있는 또 다른 풍경을 접한다. 방울토마토 몇 그루는 계속 열려서 여름 내내 탱글탱글하고 상큼한 향을 맛볼 수 있다. 상추는 겉에 있는 잎을 뜯어도 돋아나는 잎들은 이웃과 나누어 먹는다. 상추 키우는 재미가 쏠쏠하다. 계절이 바뀔 때는 무엇을 심어야 하나 생각을 하며 작은 행복을 함께했다.

밀양에 지인 별장이 있다. 텃밭에서 기른 케일, 청경채, 상추, 깻잎 등 채소를 나에게 전해 주라고 했다. 경비실에서 다른 사람에게 전달해 받은 사람이 전화를 해서 알았다고 한다. 상추 배달 사고에 누구든 맛있게 먹으면 되었다고 했지만 싱싱한 상춧잎이 눈앞에 그려지면서 아까웠다. 한 주가 지난날 주말에 밀양을 다녀왔다는 전화가 왔다. 그런데 업무상 일이 생겨 만날 수가 없었다. 상추를 시골에서 깨끗이 씻어 와 그날 먹지 않으면 상한다고 해 밀양 상추와 인연이 없나 보다 하고 잊어버렸다.

어느 날 밀양 지인이 상추를 깨끗이 씻어서 그릇에 담아왔다. 맑은 청정지역 물에서 씻었다고 하며 맛있게 먹어라는 말을 남겼다. 벌레 먹은 케일 잎도 있다. 갖가지 채소를 보며 키운 정성과 농부의 땀방울이 그려졌다. 밀양에서 가져온 갖가지 쌈채소를 몇 번으로 나누어 먹었다. 평소 잘해준 것도 없는데 미안하고 감사하다.

시골집은 시각적인 아름다움도 갖추었으리라 상상이 된다. 이웃과도 서로 상부상조하며 잘 지낸다고 한다. 손재주가 있어 이웃들에게 사랑을 베푼다. 나무에 문패를 새겨 옆집에 걸어 주고, 마을 이름도 동네 분들과 의논해 '산 위에 마을'이란 간판을 입구에 멋지게 걸린 사진을 보여주었다. 매스컴에서 귀농하고 싶은 사람들이 시골에 사는 토착민들과 갈등하는 것을 지적하며 걱정하는 모습을 보았다. 서로 낯선 사람들과 정겨운 이웃이 되기까지 과정이 궁금하다. 일을 많이 해 손가락과 팔이 아프다고 하니 부지런함을 누가 당하랴,

매일 뜨고 지는 해처럼 별일 없이 지내는 일상이 가능할

까. 자연에서 맘껏 누리는 소소한 행복이 부럽다. 상큼한 공기와 밤하늘 별빛들, 전원생활을 하는 아름다움을 하룻밤이라도 함께 나누고 싶다. 여름이 머물고 가을이 오기 전, 상추에 싸서 밥 한 숟갈 먹는 풍성한 파티를 즐겨야겠다. 자연을 닮은 부부와 따뜻한 차향을 마시며 담소 나누는 시간을 기다려 본다.

요즈음 일상에서 격려하는 말에 '소확행'이 있다. 작지만 확실한 행복, 시골 생활을 맘껏 즐기고 있는 소소하지만 확실한 행복의 기운이 상추를 통해 전해온다. 세상살이 소음을 털어내고 한 걸음만 옮기면 숲이고, 걷는 길은 흙길인 시골에서 아무 생각 없이 푸르름을 친구 삼아 시끄러운 일상을 떠나 힐링하는 한 점 쉼표를 남기고 싶다.

옷 병원

'옷 병원'에 눈이 간다. 지난해 봄부터 이웃에 당당하게 서 있는 옷 수선 가게 간판 이름이다. 병원은 몸이 아파야만 가는 줄 알았는데 생각해 보면 우리 주변에는 여러 사물을 고치는 수선집이 많다.

옷방에 들어선다. 입지 않는 옷들로 공간 경계선이 무너지기 직전이다. 용도에 따라 한눈에 옷을 스캔한다. 고를 옷이 마땅치 않다.

이옷 저옷 뒤적이다 유행과 관계없이 몇 년 전 입었던 옷을 다시 꺼내서 입기도 한다. 입고 마음에 들면 즐겁게 외출한다. 종류별, 계절별로 분류를 하지만 버리지 않고 보관했더니 또 입을 수 있는 옷들이 고맙다. 1년 동안 한 번도 입지 않은 옷을 정리하려다 이유를 보태면서 그냥 둔다. 코디해서 입을 수 있을 것 같고, 비싸게 산 옷이고, 디자인이 마음에 들어서 정리할 수 없다.

시간이 있을 때는 여성복 판매대로 발길을 옮긴다. 몇 해 전만 해도 옷가게에 들어가면 점원이 권유를 많이 했다. 요즘은 마음에 드는 디자인이 있을 때 가격표를 보고 나와도 간섭하지 않는다.

결혼 전에도 고가 옷을 즐겨 입었다. 그때 옷 몇 벌은 지금까지 보관하면서 추억에 젖는다. 유행도 타지 않고 섬유 재질이 좋은 원피스 하나는 아들을 임신했을 때 즐겨 입었던 외출복이다. 벨트만 하지 않으면 박스형이라 임신 7개월까지 입을 수 있었다. 검은 모직에 원피스 앞부분은 검은 가죽으로 체크무늬가 있다. 흠집 하나 없이 지금껏 잘 보존되어 있다. 지금은 원피스 목만 '옷 병원'에 다녀오면 10년은 더 입을 수 있다. 원피스에 달려왔던 큰 벨트는 허리가 맞지 않아 백화점에서 비슷한 벨트 하나를 샀다.

유명 디자이너 옷 한 벌이 화려하게 옷장 속에 있다. 결혼할 때 엄마와 언니가 골라 준 옷이다. 검은 벨벳에 붉은 무늬며 단추 하나에도 정성이 스며 있다. 주름 잡힌 치마는 7부 정도 된다. 치마 아랫단, 소매도 팔목에 주름이 잡혀 있고 붉은 무늬가 들어있다.

특별한 행사에 입었던 기억이 난다. 허리가 맞지 않아서 '옷 병원'을 다녀왔다. 지금은 입을 수 없지만 한 번씩 옷장 문을 열고 옷을 보면 기분이 좋아진다. 결혼할 때는 허리가 약해 아기도 못 놓겠다는 시댁 어른의 생전 말이 생각난다. 지금은 음식을 챙겨 먹어도 불어나는 살을 빼기가 힘이 든다.

이웃에 있는 '옷 병원'은 15㎡ 정도 되는 가게다. 두 사람이 일한다. 친구로 보이는 한 사람이 담소를 나누며 옷 실밥을 제거한다. 내 체격은 엉덩이 치수를 맞추면 허리 사이즈가 맞지 않고, 허리 부분을 고치면 엉덩이 사이즈를 맞추기 힘들다. 옷을 수선하고 실패한 적이 없지만, 옷 수선이 힘들다고 하는 옷은 아깝지만 버린다.

'옷 병원.' 상호명이 좋다. 옷 병원 주인에게 전직이 무엇인가 물었다. 옛날에 양장점을 운영했으며, 기성복이 유행하면서 유지하기 힘들어 문을 닫았다고 했다. 다른 일에 종사하다 본인이 잘할 수 있는 일, '옷 병원'을 차렸다고 한다. 옷 재단부터 완성까지 했기 때문에 옷에 관한 모든 수선은 자신이 있다는 확신에 찬 주인 말을 들으니 '옷 병원'이라는 전문가 이름이 잘 맞는 것 같다.

요즘은 남녀노소 어린아이까지 브랜드를 즐겨 입는다. 패션이 그 나라를 대변하듯 브랜드로 승부를 건다. 옷이 전하는 유래는 그 나라 문화 가치를 대변한다. 한복을 떠올리면 대한민국이 떠오른다. 바늘에 실을 꿰어 한 뜸 한 뜸 바느질하던 할머니, 어머니들 세대가 떠오른다. 요즘은 개량 한복이 나와서 입고 세탁하기도 편리하다. 각 나라를 대표하는 옷들은 유행이 없다. 옷 유형은 10년마다 돌아온다는 이야기가 있지만, 살짝 변화를 주면서 옛 디자인이 반복됨을 느낄 수 있다.

TV에 패션쇼가 나오면 즐겨 본다. 옛 디자인부터 근래 디자인까지 세련되고 특이한 패션 디자인에는 눈을 뗄 수가 없다. 전위예술 같은 패션쇼가 끝나면 일상에서는 입을 수 없는 옷이 가는 곳은 어딜까, 생각하며 눈으로 즐겁게 감상한다.

개성 시대임을 알 수 있다. 정장을 입고 출근하던 시대는 지났다. 대기업을 중심으로 반소매 셔츠와 노타이 등 간편한 옷차림으로 출근하는 변화가 시작되었다. 대부분 회사도 자유로운 복장을 허용하는 추세다. 반바지는 격이 떨어진다는 고정관념 틀에서 벗어나고 있다. 반바지를 입고 출근할 수 있는 회사는 수평적이고 깨어있는 조직이라는 트렌드가 문화 전반에 확산함을 알 수 있다. 남성 반바지는 여가생활에서 출근 복장으로 인기가 높아지고 있다. 성 구분이 없어지는 시대가 가까워졌다. 청바지에 티셔츠 차림으로 출근하는 사람들을 본다. 업무 볼 때도 훨씬 편하고 보는 사람도 마음이 가볍다.

12월, 외출할 때다. 짙은 하늘색 두툼한 티에 패딩 조끼, 기모가 들어있는 바지를 입었다. 일기예보를 확인하지 못하고 밖에 나오니 추웠다. 서면 지하상가에서 누비로 된 세미 잠바를 하나 사 입었다. 가볍고 가격도 저렴해 따듯하게 잘 입고 있다. 기성복은 돈만 들고 가면 용도에 맞는 옷을 즉석에서 고를 수 있는 장점이 있다.

한 계절이 끝나면 옷방을 가볍게 해야겠다고 생각한다. 섬유가 상해서 못 입는 옷이 없다. 옷방을 정리하다 '옷 병원'을 다녀오면 새 옷처럼 또 입을 수 있는 옷을 갖게 된다는 기쁨이 있을 것 같다. 옷방과 옷 병원이 내 마음을 설레게 한다.

기다림

4월 첫날이다. 20대 후반으로 보이는 젊은 청년이 사무실로 들어온다. 키는 178㎝ 정도, 스포츠머리, 반듯한 어깨, 잘생긴 용모에 흰색 티셔츠와 청바지를 입었다. "안녕하세요?" 인사는 받지도 않고 시선도 맞추지 않는다. 성큼성큼 책상 앞으로 걸어온다. 인상은 선하지만, 행동은 '왜 이러지?' 하는 짧은 당혹감이 있었다. 고함을 질러야 하나, 112 신고해야 하나 등 온갖 생각이 뇌리를 스친다. 나쁜 사람 같지는 않은데 저 시선은 뭐지? 하던 일을 멈추고 몸은 얼음이 되어 청년을 지켜보았다. 그가 시선을 맞추지 않고 말없이 내 손목을 덥석 잡는다. 겨울도 아닌데 손에서 싸늘한 냉기가 내 온기를 빼앗아 간다.

"아니, 왜 이러세요. 손 놓고 말하세요." 그는 손목을 잡고 사무실 입구에 걸려 있는 월 달력 앞에서 멈춘다. 달력을 손짓하며 "워, 워." 발음되지 않는 어눌한 목소리를 듣고 장애가 있음을 알았다. 내 손을 달력 윗부분에 놓고 함께 달력 한 장을 쭉 찢는다. 지난달이 걸린 달력 상단에 맞추어서 가지런히 잘 찢었다.

사무실 벽면을 찾아다니며 벽에 걸린 달력 4개, 탁상달력 5개를 정리하더니 아무 말 없이 사무실 문을 나선다. 따라 나가니 모자를 푹 쓴 아주머니 한 분이 지켜보고 있다. 가까이 오더니 "미안합니다." 하고 인사를 했다. 말을 붙이기도 전에 젊은 친구는 질주하듯이 아파트 입구로 달려가고 아주머니도 따라서 달려가 버린다.

경비실에 가서 물었다. 청년은 아파트 주민이며, 아주머니는 '장애인 활동 보조인'이라고 한다. 젊은 친구 어머니라면 함께 와서 나에게 걱정하지 말라고 했을 텐데 하는 아쉬움이 들었다. 자폐 스펙트럼 장애인들이 어느 한 부분에 특출한 면이 있다는 건 알고 있다. 청년은 30대 초반, 숫자에 대해 민감하고 똑똑하다고 한다. 인상도 좋고 집에서 장애인 활동 보조인이 하루 몇 시간 돌보고 나머지 시간은 아버지가 돌본다고 한다. 외모도 준수해 사회 활동도 잘할 사람으로 보였다. 그 뒤 나는 매월 1일 청년한테 손목을 잡히면서 함께 지난달 달력을 정리한다.

몇 년을 함께 달력을 정리했다. 어떤 달은 1일에 젊은 친구가 오지 않아 3일까지 달력을 정리하지 않고 기다린 적도 있다. 아무 일 없었다는 듯 와서 자연스레 손을 잡고 달력 앞에 가서 정리를 끝낸 후 말없이 나간다. 하루는 아버지가 밖에서 기다리더니 미안하다고 했다. 장애를 가졌지만, 수학 쪽으로 교육을 좀 해 보았으면 하는 마음이 들었다.

우리나라 2020년 조사에 의하면 국내 인구 251만 명이 장애인 등록이 되어 있고 전체인구 5%에 속한다. 장애 인구 57.8%는 남자다. 10명 중 5명 (48.1%) 지체 장애가 가장 많다고 한다. 장애인이 지역사회에서 계속 일하고 싶다고 권리를 외치는 걸 뉴스에서 종종 보았다.

대학에서 유아교육학을 공부할 때 〈장애론〉 과목을 배우면서 장애 학교에 실습을 나갔다. 장애 학교에는 나이와 상관없이 장애 등급에 따라 반이 구성되어 있다. 교실에는 책상에 앉아 있는 학생들과 휠체어에 앉아 있는 학생들이 섞여 있었다.

우리 실습 학생들은 3명이 한 팀이 되었다. 수업은 여섯 학생과 간단한 떡볶기 만들기였다. 실습실로 이동해서 학생들과 함께 만들려고 했지만 힘들었다. 어묵을 자르면서 손이라도 다칠까 불안했다.

기억에 남는 학생 2명이 있다. 한 학생은 나이가 20대 후반인데 고등학생처럼 보였다. 말은 잘하지 못하고 손가락을 쉴 새 없이 움직였다. 먹는 것 또한 불편했다. 표현은 오직 "워, 워"였고 표정은 무표정이다. 얼굴은 탤런트 같고 키도 컸다. 교사는 "우리 반 아이들은 모두 천사다. 보는 우리는 마음이 아프지만, 천사들은 행복하다."라고 했다. 휠체어에 타고 있던 남자 학생은 나이가 30대 중반으로 몸무게가 있는 학생이었다. 팔과 다리에 상처가 많았다. 교사 말에 의하면 부딪치고 피가 나도 아픔을 모르는 친구라고 했다. 장애 아이들을 키우는 부모님 마음은 어떨까를 생각해 본다.

아이를 키울 때 두 돌 정도 되면 눈을 맞추고 까꿍놀이를 한다. 아이가 쳐다보고 눈을 맞추지 못할 때 그리고 '호명 반응' 불러도 반응을 못 할 때 자폐를 의심할 수 있다고 배웠다. 부모들 중 누가 자기 아기가 아프다고 인정하겠는가. 눈에 넣어도 아프지 않은 소중한 아이들이 장애 아이라는 건 어쩌면 현실이 되어도 인정하고 싶지 않을 것이다.

요즘은 장애인 활동 보조원 선생님들이 있다. 하루 몇 시간씩 장애인을 돌보는 사회 활동을 하는 사람들이 많다. 매달 달력을 정리해 주던 젊은 친구가 오지 않아 아파트 관리사무실에 가서 물었다. 집에서 돌보기가 힘들어 장애인 복지 센터에 갔다는 소식을 들었다.

매월 1일이 되면 외모가 준수하고 숫자에 민감했던 젊은 친구가 생각난다. 함께 달력 정리하는 날을 기다린다. 건강을 되찾아 세상 속으로 걸어 나왔으면 하는 바람을 전한다.

코로나19 단상

신축년 첫날이 비대면으로 시작됐다. 지난 1년 이상을 매일 '오늘 신규 확진자는 몇 명이다. 앞으로 2, 3일 또는 주말이 감염 확산 고비'라는 반복적인 하루살이 뉴스를 들었다. 역사상 요즘처럼 다른 사람 건강 상태까지 챙길 때가 있었나 싶다. 어디를 방문하든 발열 체크가 필수적인 절차가 됐다. 우리나라는 물론 지구촌 전체가 마스크 사용이 일상화된 사회로 급변했다.

사람들은 약속한 듯 마스크를 쓰고 대화를 나눈다. 마스크는 환자가 사용하는 것이라는 인식이 깊었으나 이제는 누구나 얼굴을 가려 건강을 지키는 상징이자 필수가 되었다.

마스크도 패션이다. 마스크는 대, 중, 소로 나뉘어 다양한 색상과 각기 다른 모양이 등장했다. 옷과 맞춤을 한 마스크를 쓴 사람을 보면 센스까지 느껴진다.

마스크는 나 자신과 가족을 지키면서 사회를 지키는 타인에 대한 배려다. 마스크 대란이 일어나고, 마스크 5부제로 인해 요일을 정해 마스크를 사는 시기도 있었다. 마스크 목걸이가 등장했다. 집을 나설 때 마스크 목걸이로부터 챙겨 달라는 압박도 받는다. 평소 마스크와는 거리가 멀었지만 바람이 부는 날은 따뜻함마저 주는 편안함에 물들고 있다. 내과 병원에는 환자들이 줄었다는 뉴스를 보았다. 겨울에는 나도 목감기로 해마다 이비인후과를 방문했지만, 마스크를 쓰고 나서는 이비인후과 를 방문하지 않는다. 마스크 미착용으로 이태원 집단 감염자들은 국민으로부터 많은 질책을 받았다. 피가 뜨거운 젊은이들을 이해하지만, 지금은 스스로 건강을 지켜야 할 때다.

TV를 통해 방독면을 쓴 의료진을 본다. 본분을 다하기 위해 바쁘게 움직이는 의료진에게 감사와 찬사를 보낸다. 열심히 환자를 치료하기 위해 뛰는 사람들도 있는데 코로나 감염 환자는 계속 늘어나고 있어 안타까움을 금할 수 없다.

퇴근하면 마트를 방문하는 것 외에는 외출을 자제한다. 오히려 마음과 몸이 편안하다. 운동하고 공부하고 충분한 휴식을 즐긴다. 휴일에는 맛있는 요리 만들기에 관심을 가진다.

새벽 헬스도 휴무지만 새벽 5시 10분 알림은 여전히 울린다. 음악을 끄고 다시 누워 책을 본다. 편안한 새벽을 즐기니 비만이 걱정되지만, 우선은 편안함이 좋다.

삶이 긴장의 연속이다. 코로나 수칙을 잘 지키는 나이대별 통계를 보았다. 40대 이상 중년, 노년층이 지속적 사회적 거리를 유지하고 있으며, 20대가 최저다. 삶이 주는 연륜이 부족해서일까, 걱정이 앞선다. 코로나는 잠복기가 길고 무증상으로 감염이 된다고 하니 당분간 사람들을 피하고 거리 두기에 적극적으로 참여하고 있다.

루주가 필요 없게 되었다. 화장품 소비자들이 여성이라 타격이 크다는 소식이 들렸다. 음식을 먹을 때는 입술을 닦는 버릇이 있는 나로서는 금상첨화다. 루주를 안 발라 좋고 입술이 늘 깔끔하니 닦을 필요가 없어 투명 립글로스를 바르는 것으로 만족한다.

해외토픽과 국내 코로나 관련 기사가 신문과 TV 화면을 채운다. 인류가 겪어보지 못한 세상을 우리는 살고 있다. 코로나와 무관하다며 파티를 즐기던 사람들. 지난 7월 미국 앨라배마주에서 일부 대학생들이 코로나에 먼저 감염되는 사람에게 상금을 주기로 약속하고 파티를 열었다고 한다. 보건 당국에 적발되었다는 이야기를 보면서 씁쓸한 마음을 가졌다.

코로나19를 겪으면서 "어떤 선택의 갈림길에서 늘 아래로, 더 아래로 가야 한다."라고 했던 고故 노회찬 의원 말이 생각난다. 그는 삶의 방식을 두 가지로 나뉜다. 하나는 남을 배려하고 더불어 사는 인간을 지향하는 사회다. 다른 하나는 인간끼리 경쟁을 부추기며 강한 자만이 부를 누리는 사회다. 힘들 때 서로 도움을 주는 착한 임대인을 보고, 코로나19에 대응하며 따뜻한 마음을 나누는 모습도 보았다. 코로나19는 경제, 문화. 교육, 여행 등 사회 전반에 걸쳐 막대한 피해를 주고 있다. 계속 변이되는 바이러스가 언제 종식될 지 예측 불가하여 불안과 공포를 동반한다.

세계가 한마음이다. 밤 9시면 도시의 불이 꺼진다. 가게도 문을 닫는다. 소상공인과 자영업자는 어려움 속으로 치닫고 있다. 주식과 아파트 가격은 연일 최고라는 뉴스를 전한다. 통신 기술의 발달로 코로나 확진자 동선을 추적한다. 핸드폰 앱을 통해 수시로 알려주는 부산 시내, 우리 동네, 사무실 동네에 환자 확진이 큰 관심사다. 나부터 코로나19 예방수칙을 잘 지키자는 마음을 가진다. 주변 지인들한테 건강을 지키자는 안부를 전하고, 안부도 받는다.

코로나19 재난으로 시민들은 마스크 속에서 입을 다물고, 외부 활동은 거리 두기로 제한받고 있다. 집에만 있는 것이 일상화되어 자신을 돌아볼 시간이 많아졌다는 좋은 점도 있다. 거리 제한, 손 씻기, 마스크 착용 등 예방수칙을 잘 지키고, 이타심과 연대 의식을 가질 때 우리에게 닥친 재난을 극복하여 새로운 시대를 열 수 있다는 희망을 품어본다. 힘든 시기가 지나고 웃으면서 대화를 나누는 평범한 일상이 오면 좋아하는 지인들과 따뜻한 차 한 잔 나누고 싶다.

5부

내 마음의 자양분

발효와 숙성

나만의 사색思索

내 안의 나

나의 아날로그

내 마음의 자양분

색깔과 감성

멘토

왜 그들은 사는가

발효와 숙성

겨울 준비를 한다. 옛날에는 1년 농사를 짓는 것만큼 김장을 큰 행사로 여겼다. 겨울이 오면 김장 준비는 어느 집이나 빼놓을 수 없는 과제다.

친구에게서 전화 왔다, 절임배추를 주문하면서 내 배추도 주문한다는. 김치 담가 볼 기회가 왔다고 생각하니 마음이 즐겁다.

어느 날, 배추 한 포기 절임을 했다가, 배추가 살아서 날아가려고 하는 바람에, 김치는 나와 맞지 않는다는 억지 결론을 내렸다. 가족들도 김치를 좋아하지 않는 식성이라 식탁에 김치가 없어도 찾는 일이 없다.

절임 배추를 찾아야 할 날짜가 왔다. 무엇을 준비하고 어떻게 해야 할지 걱정이다. 친구는 배추 물 빼는 방법부터 준비해야 할 양념들에 관해 설명한다. 번호를 붙여가며 레시피를 작성했다. 메모를 끝내고 나니 걱정 반에 괜히 주문했다는 후회까지 든다.

해마다 김장 김치를 담가 주는 고마운 언니가 있다. 시각, 미각을 다 만족시켜 주는 맛있는 김치라 항상 감사하면서 먹는다. 올해 김치는 내가 담근다고 언니에게 전화하니, 큰 소리로 웃으며 "김치 담가서 냉장고에 넣어 둘 테니 필요할 때 가져다 먹어라."라고 한다. 나의 실력이, 아니 믿음이 가지 않는 모양이다.

김치는 대표적인 발효식품이다. 영양가가 풍부하고 비타민C 산화를 막아 준다고 한다. 우리 조상들은 긴 겨울 동안 김치를 통해 비타민C를 섭취했다. 김치 단지를 냉장고 대신 땅속에 묻어 봄까지 먹는 슬기와 지혜로움을 발휘하였다.

절임 배추를 찾는 날이 왔다. 배추가 담긴 상자를 열었다. 8포기의 탐스러운 배추가 때깔도 좋고 먹음직스러워 보인다. 크기가 얼마나 큰지, 반을 잘라서 소쿠리에 담았는데 소쿠리에 가득 찬다. 남아 있는 배추가 무섭기까지 하다. 레시피를 보면서 육수(대파, 다시마, 황태, 표고버섯, 양파, 무)를 끓여 식힌 후 찹쌀가루를 섞어 풀을 만들었다.

배추의 물기는 잘 빠졌다. 찹쌀풀과 갖은양념에 고춧가루와 홍시를 넣었다. 알고 있던 상식과 인터넷 레시피, 친구의 레시피를 총동원해서 배추에 양념을 버무렸다. 초보 전문가 손을 거친 배추는 간이 잘되어 양념을 버무려 한 입 먹어 보니, 나 자신이 대견스럽다. 몇 통의 김치를 담았다.

전통적으로 김장하는 날은 수육을 먹는 날이다. 준비한 수육을 삶아서 김치와 곁들여 먹으니 꿀맛이다. 밥도둑이 따로 없는 것 같다.

다음 날 배추를 주문해 준 친구한테 김치를 선물했다. 그런데 한 입 먹어 보더니

"양념을 찹쌀풀과 섞어서 바로 김치를 담갔구나." 하는 것이

다. 나는 처음 김치를 담갔다는 사실에 기분이 좋아 들떠 있었는데, 생각해 보니 빨리 김치를 담가 보고 싶다는 욕심에 양념을 숙성시키지 않고 바로 배추에 버무렸다.

숙성시키지 않은 맛을 어떻게 아느냐고 물었다. "배추에 묻은 고춧가루 향 때문에 텁텁하다."라고 한다. 그 말을 듣고 보니 꿀맛이던 김치가 고춧가루와 배추가 따로 노는 것 같았다. 30년 차 주부라는 이름이 부끄러웠다.

친정엄마가 그립다. 집안 장손 며느리여서 손맛이 좋았다. 특히 김치와 명태 아가미를 다져 넣어 만든 깍두기는 그 맛이 일품이었다. 명절날 친척들이 오면 깍두기만 찾았다. 친척들은 작은 깍두기 항아리 하나를 거뜬히 비우고 가면서 담그는 법을 묻곤 하였다. 깍두기 만드는 방법을 직접 물어보지는 않았지만, 하루 이틀 정도 지난 뒤에 먹었던 기억이 난다. 숙성시키느라 그랬던 것 같다.

엄마가 살아 계실 때 깍두기랑 김치 담그는 법을 배워 두었더라면 하는 아쉬움이 든다. 엄마는 가르쳐 줄 생각 대신 만들어서 주셨다. 친정 식구들은 육식을 싫어해 식탁은 항상 채식과 식물 단백질로 차려졌다. 풍부한 채소에 직접 만든 천연 조미료를 사용했다. 생선도 조기만 좋아하는 유별난 식성을 지닌 아버지께 우리 가족은 절에 가서 목탁을 두드려야 되는 사람이라며 웃었던 기억이 난다.

결혼 후에는 시어머니 음식이 내 입맛에 더 맞았다. 조미료가 가미된 시어머니 음식은 다 맛이 있었다. 특히 다른 집과는 비교될 수 없는 시원한 김치 맛이 좋았다. 그런 나를 보고 친정엄마는 "천상 그 집 식구네. 그래서 인연이 다 있다."라고 하셨다.

조림도 은근한 불로 천천히 조려야 맛이 난다. 사회에도 질서가 필요하듯 음식도 양념이 들어가는 순서를 지켜야 한다는 말을 떠올려보는 하루였다. 맛이 없어도 가족들이 맛있다고 먹어 주는 것인지 모르지만, 엄마 유전자를 이어받아서 쉬운 음식들은 잘 만든다는 착각을 하며 살고 있다. 김치 담그는 게 어려운 건 없었다. 무엇이든 알고 보면 다 쉽다. 자신감도 생겼다. 지금부터 김치는 내 손으로 만들어 먹는다고 가족들한테 큰소리쳤다. 김치 담그기를 끝내고 인터넷 레시피를 찾아보니 간단하게 잘 요약되어 있었다.

첫 번째 작품인 올해 김치는 친구 말을 귓전으로 흘려버린 탓을 톡톡히 치러야 할 것 같다. 비록 부족함과 아쉬움이 남지만, 사랑과 정성으로 담근 김치다. 평소에도 매사에 믿고 묵묵히 도와주는 가족들. 한쪽도 버리지 않고 맛있게 먹기로 약속해 준 가족들이 고맙다. 내년에는 맛있는 김치를 담가야겠다고 다짐해 본다. 시간이 지나면서 숙성되고 발효되어 깊은 맛을 내는 훌륭한 김치처럼 내 요리 솜씨도 가족 사랑으로 숙성되고 발효가 되어 행복한 식탁을 책임질 것이다.

나만의 사색思索

고즈넉한 산사에서 참나를 찾아본다. 일상을 벗어나기로 마음을 정하니 떠나기 전 설렘이 주는 기대와 즐거움은 또 다른 매력으로 다가온다.

절은 일주문에서 시작된다. 일주문은 기둥이 일렬로 서서 있는 문이라는 뜻으로 둘이 아닌 하나, 일심을 상징하는 불교의 조형물이다. 일주문을 지나면 사천왕문이 있다. 이 문은 하늘로 들어가는 문이다. 문을 지나면, 하늘 사람이 되었으니 마음과 행동을 곱게 가져야 한다는 가르침이 담겨 있다. 불국 세계의 접근을 실감케 하고 동시에 경건한 마음이 생긴다.

부처님과 마주하는 시간이 되면, 가슴에 담긴 잔잔한 파문이 고요함을 불러온다. 내면 깊숙이 내재한 참된 마음을 합장한 손에 담는다. '영원히 변치 않는 참된 불제자가 되겠습니다. 부처님 감사합니다.' 오롯이 홀로 시간 가짐을 갖는 것은 세속을 뒤로하고 내 안의 나를 보는 것이다. 가람 건축물들은 이러한 질서와 조화를 위해 그 자리를 지키고 있다.

추녀에 달린 풍경은 물고기를 닮았다. 물고기는 잠잘 때도 눈을 뜨고 있다. 물고기처럼 수행자는 늘 깨어있어야 함을 일러 주는 말이다.

템플스테이로 새로운 인연을 맺는다. 낯선 이들과 새로운 만남을 통해 서로 삶을 논할 수 있을까. 짐을 풀고 수련복으로 갈아입었다. 동참한 사람들은 50명, 일본 등 외국인이 70%다. 자기 소개하는 시간이 되었다. 일본인 부부는 자신을 되돌아보는 시간과 산사의 고즈넉함이 좋아 오래전부터 템플스테이 하는 절을 순회 중이란다. 외국인들과 인사는 봉사하는 선생님 통역으로 끝났다. 간단한 소통은 몸짓과 눈으로 교감하고, 같은 공간에서 1박 2일 시간을 함께한다.

자아 성찰의 시간이다. 부처님 전에 일 배를 하고, 실낱같은 줄에 염주 한 알 끼우며 마음 한편에 있던 걱정도 덜어낸다. 또 한 알의 염주를 끼우며 직장에서 쌓였던 스트레스와 묵었던 감정들을 버린다. 한 알을 한 줄에 끼워 완성한 108 염주, 세상에 하나밖에 없는 염주를 들고 합장 인사드린다. 염주 만들 때 키웠던, 마음과 정신의 근육을 잊지 않겠다고 다짐한다.

참회 시간이다. 하얀 백지에 네모 칸들이 있다. 부처님 전에 일 배 할 때마다, 내 마음에 담아 놓은 사람들 이름을 여백에 기록한다. 처음에는 좋은 감정으로 담아 놓은 지인들께 감사하는 이름을 표기하지만, 시간이 갈수록 반성하는 마음이 다가온다.

특별히 나쁜 기억으로 기억하는 사람은 없지만, 여백을 채워갈수록 평소 생각지 않았던 마음에 울컥, 뭉클, 감동이 주어진다. 부모님과 내 가족 이름을 부를 때는 눈시울이 붉어지며 마음이 아려왔다. 더 넓은 마음으로 내면을 바라보며, 긍정적인 마음과 의식으로 삶을 지향할 것을 다짐한다. 한 공간에서 다양한 시간을 함께 보내고, 간식으로 나온 떡은 별미로 정감을 나누며 먹는다. 외국인들과 함께 넓은 방에서 1박 동침을 한다.

새벽 예불 시간.

산사에 울려 퍼지는 은은한 범종 소리에 온갖 생각이 뇌리를 채운다. 예불은 사물, 즉 법종, 법고, 운판, 목어를 치는 의식이다. 법종은 지옥의 중생을 위해서, 법고는 땅 위의 축생을 위해서, 목어는 수중의 모든 중생을 위해서, 운판은 날아다니는 공중의 새, 짐승들을 위해서 친다. 통칭하여 법구 사물이라 부른다. 새벽 법고(큰북)를 치는 시간에는 자연스레 스님들이 바뀌면서 부드러운 몸동작과 가벼운 팔의 움직임은 감동을 자아낸다.

걷기 명상 시간이다. 숲길 속, 발길 닿은 곳, 하늘과 맞닿은 암자에서, 자연의 순리를 만끽한다. 한 폭의 수채화 같은 자연 품속에서 스님 법문을 듣는다. 스님은 자유분방한 외국인들을 배려한다.

"누워서 법문 들어도 좋다."라고 하니 동방예의지국이 아닌

외국인들은 자리에 눕는다. 모두 부러워한다. 누운 사람, 앉아 있는 사람, 각양각색이다. 스님도 "하하" 모두 웃음을 터트렸다. 각기 다른 문화를 지닌 세상 사람들이 하나 되는 모습, 인간이 사는 모양은 어디든 똑같다. 스님과 다담茶談을 나누는 시간은, 템플스테이 생긴 동기와 절 생활을 듣는 뜻깊은 시간이었다.

철학자 니체의 말이 생각난다.

니체는 "병든 영혼을 치유하기 위해, 자신 내면을 고요히 성찰하는, 비타 컨템플라티바(vita contemplativa 사색적인 삶)를 복원해야 한다. 지난 삶을 반추해 보며, 새로운 삶과 의미를 받아들이기 위해 망각이란 단어와 조형력, 창조성의 조화가 필요함을 알았다. 다양한 생각은 더 나은 삶을 위한 에너지다.

나만을 위한 시간은 언제나 따뜻한 활기가 넘친다. 불, 법, 승 삼보에 귀의하며 깨끗하고, 청정한 도량에 향을 사르고, 촛불 한 자루에 마음을 담았다. 두 손을 모아 정갈한 음식으로 발우 공양하고, 잡념이 말끔히 사라진 곳을 상큼함으로 가득 채웠다. "삶은 한 조각 구름과 같은 것" 내가 어떤 존재로 세상을 살아가고 있는지 생각해 본다. 풍경 소리가 귓전에 와닿는다. 짧은 여정, 비움과 채움으로 의미 있는 알찬 시간, '내 삶의 주인공은 나'라는 인식으로 더 풍요로워진다.

나만의 108 염주를 손에 담는다. 한 알에 번뇌 망상을 버리고, 또 한 알에 삶의 무게를 내려놓는다. 스스로 꿴 108 염주를 보며, 번뇌를 끊고 마음을 정갈하게 하려고 노력한다. 삶의 무게가 느껴질 때가 아니라도 108 염주에 불, 법, 승에 귀의함을 잊지 않는 스토리텔링은 계속될 것이다.

내 안의 나

산사를 향한 마음은 설렌다. 바쁜 일정을 뒤로하고 밀양 표충사로 주말 출가를 하게 되었다. 문화해설사는 '표충사' 절 유래를 들려주었다. "654년 원효대사가 삼국통일을 기원하려고 명산을 찾다가 표충사에 터를 잡아 절을 세웠다. 1974년에는 경상남도 기념물 제17호로 지정되어 임진왜란 때 공을 세운 사명대사의 충혼을 기리기 위하여 국가에서 명명한 절이 되었다."라는 역사부터 오늘날 표충사로 개명한 이야기를 재미있게 해설해 주었다.

명상 시간이다. 표충사 우화루에서 요가와 명상을 결합한 산사 속 밀양 요가를 했다. 아름다운 산사에서 요가와 명상으로 힐링하면서 스트레스를 푼다고 생각하니 마음이 가볍다. 정확한 발음으로 명상에 대한 제목을 제시한다. 요가 선생이 말한 "현재 들려오는 소리에 충실하며 즐겨라."는 목소리에 힘입어 바람 소리와 힘찬 계곡물 소리에 마음을 보냈다. 서늘한 기운도 있었지만 맑은 물은 세속에 힘겨웠던 내 마음을 정화해 주었다. 옆 사람과 정겹게 인사 나누는 시간에는 억겁의 인연을 떠올리며 오늘 만남에 감사를 드렸다.

마음 챙김 명상으로 우화루를 가벼운 걸음으로 걸을 때 '내가 누군지, 어디서 왔는지'를 생각해 본다. 평소 나는 어디서 왔는가를 화두로 생각하는 시간이 많다. 모든 희로애락은 마음에서 비롯되는데 마음을 비우기가 쉽지 않다. 비움이 있어야 채움도 있으련만, 채우려고만 하는 나를 본다.

저녁 예불 시간이다. 스님 목탁 소리에 맞추어 예를 갖추며 예불을 마쳤다. 예불에 참석한 도반들은 108배를 하기로 하였다. '감사합니다.'라는 마음을 담아 한배, 한배 절을 올렸다.

108배를 할 때 〈108 참회문〉을 낭독하면서 절을 했더라면 하는 아쉬움이 있었다.

템플스테이를 한 번씩 간다. 혼자만의 시간, 다양한 프로그램에 따라 마음을 비우는 연습도 하고 나를 돌아볼 수 있는 감동의 기회가 된다. 어느 해는 일 배를 하고 염주 한 알씩을 꿰어서 하나밖에 없는 나만을 위한 염주가 완성되었다. 지금도 차 안 백미러에 걸려 있다. 가끔 염주를 보면서 일 배를 할 때의 의미도 새겨본다.

먹는 시간은 즐겁다. 깔끔하고 맛깔스러운 절 음식을 생각하니 입 안 가득 상큼함이 느껴진다. 맛난 음식을 담아 와 감사 합장을 올리고 좋아하는 사람들과 한자리에 앉아 공양 시간을 즐겼다.

보름달이 여유를 가지라고 한다. 계곡물 소리와 상쾌한 산사 공기와 빛나는 별이 밤하늘을 수놓는다. 평소 밤하늘을 볼 여유를 갖지 못했던 나는 유난히 가까이 보이는 별을 헤아리며 별 속으로 스미어 보았다.

자유시간은 달콤하다. 따뜻한 온돌방에 누워서 뒹굴기도

하고 정겨운 대화도 나누는 각자 취향을 볼 수 있는 시간이다. 나는 축시 낭송을 연습하던 중이었다. 배정된 방에 '시 낭송가' 선생이 있었다. 축시를 보이며 지도를 부탁했다. 평소에도 짧은 시간에 시 낭송 개인지도를 잘해 준다. 한 단어, 한 줄씩 자세한 설명으로 사투리가 있는 단어는 예를 들어서 가르쳐 주고 칭찬으로 자신감을 준다. 첨삭을 보며 감사한 마음을 전한다.

차담 시간에 특별한 프로그램이 있었으면 하는 누군가 질문에 스님은 "다 잘 알고 있는데 프로그램이 뭐 중요하냐."라고 했다. 그래 늘 마음에 부처님을 모시고 있는데 프로그램이 꼭 필요한 건 아니라는 생각이 들었지만 조금 아쉬웠다.

새벽 예불을 마치고 108배로 부처님 전에 참배를 마쳤다. 산책 시간, 오솔길을 지나 비탈길을 올랐다. 큰 바위와 시원한 계곡물이 반겨 주었다. 넓은 바위에 앉아서 눈을 감은 채 검지를 붙이고 산과 숲 기운을 받으니 마음이 정화되었다.

청명한 하늘은 고즈넉한 절 풍광과 어우러져 한 폭 그림이 되었다. 덩달아 내 마음도 청아한 하늘에 담긴다. 표충사를 둘러보니 산이 병풍을 펼친 듯하다. 머지않아 형형색색으로 단장할 자연이 줄 선물을 생각하니 자연의 위대함에 숙연해진다.

주말 출가 마음을 나눌 수 있는 사람들과 함께한 1박 2일 행복했던 시간을 한 페이지 책갈피에 담는다.

나의 아날로그

하얀 목련, 꽃망울 속에는 봄이 들어 있다. 봄 햇살이 마음을 활짝 열고 찾아온 날, 지난 시절이 담긴 수첩을 펼쳐본다. 나의 진중한 친구 메모장은 추억을 들려준다. 어느 해 시민회관 대강당에서, 고故 추송웅 님의 모노드라마, 〈빨간 피터의 고백〉을 관람했다. "연극 속의 드라마 주인공보다 삶을 살아가는 현실 속 연극이 더욱 어렵다."라는 무대 인사로 막을 내렸다.

1년 후 글에는 그분을 기리는 안타까움이 담겨있다. 개성 있는 연기로 똘똘 뭉친 진정한 연기자다운 연극인이었다. 고생하다 겨우 삶의 터전을 구축했는데, 연극을 아끼는 팬들 기억 속에 영원히 지워질 수 없는 인상을 남긴 채 홀연히 떠났다. "우리들의 광대"도 재미있게 관람했던 기억이 난다.

열정적인 표정 연기를 다시 볼 수 없음이 안타깝다. 살아생전 마지막 연극무대의 막을 내리던 장면이 생생하다. 연극의 마력은, 다른 예술보다 복잡한 과정을 거치는 특수성 때문일 것이다. 그분이 출연한 무대가 그립다. 편히 잠이 드소서.

삶들이 나열되어 있다. 가지런히 놓여 있는 메모장 한 권을 펼치면서 삶의 애환 속으로 풍덩 빠져든다. 작은 수첩 속 사연은 아기자기하다. 서면에 '가장무도회'라는 20대들 쉼터가 있었다. 나는 가끔 이곳에 들러 피아노 연주도 하고, 친구들과 즐겁게 맥주 한잔이나 칵테일을 마신다.

어느 날 혼자 '가장무도회'에 갔다. "오늘은 피아노 연주 안 해요." 사장이 묻는 말을 귓전으로 흘려버리고 긴 테이블에 앉아 진토닉 한 잔을 놓고 침울했다. 결혼에 전혀 관심 없는 나에게 엄마는 선을 보는 일정을 잡는다. 그날도 선을 보았다. 집에 가서 뭐라고 이야기할까. 메모장 속에는 엄마를 향한 미안함과 사랑하는 딸을 이해해 달라는 글귀들이 나열돼 있다. 자유로운 영혼을 꿈꾸던 나는 엄마가 결혼하려는 것이 아니고, 딸의 행복을 위해서라는 걸 잘 알았다. 좀더 마음을 활짝 열어 엄마를 이해하려고 했을 때, 함께할 수 없는 것이 쓸쓸하다. 아이를 키우고 삶이 주는 연륜이 내 마음속 키와 세상을 보는 시야를 성큼 자라게 했다.

가로세로 몇 센티 되지 않는 메모장에는, 내 삶의 지나온 영혼이 담겨있다.

친구들 결혼할 때 피아노 연주를 해주고, 《명심보감》에 나오는 글을 서예로 써서 표구해 주었다. 핸드백 속에 편지글도 몰래 넣어 주며, 신혼여행 가서 보라고 깜짝 이벤트도 잘했다. 나도 신혼여행 가서 열어본 핸드백 속에 담긴 친구들이 넣어 준 편지글들을 재미있게 읽고 지금도 보관 중이다.

이제는 메모장 껍질을 바꿔 본다. 애환이 가득한 무게는 담아 놓고, 메모장 무게만큼 가볍게 살려고 한다. 시대에 따라 종이 메모장에서 핸드폰 메모장으로 서서히 물들어 가고 있는 나를 발견한다. 오늘도 약속된 일정을 문자로 기록하며 일상에 안주한다.

마음은 비우고 정신을 살찌게 하려 한다. 내가 필요한 곳에서는 소금과 같은 존재로, 따사로운 햇살을 비춰주는 자아로 거듭나려 한다.

계절과 인생을 엮어본다. 살랑살랑 부는 봄바람과 흐드러지게 핀 꽃들은 청춘을 노래한다. 잠시 피었다 떨어질 것임을 알기에 아름다운 마음과 연민을 주고받는다. 꽃이 지고 싱그러운 초록을 본 후에는 열매를 맺는다. 나는 현재 열매를 가지기 위한 인생의 한 과정을 보내고 있다. 미래를 알면 삶이 재미가 없을 것이다. 다가올 미래는 미지수이고, 무한한 가능성이 열려 있어 누구에게나 희망이 있는 삶이다.

나무들을 보면 나이테가 궁금하다. 수령이 오래된 나무들에 비하면, 아직은 청춘인 내 나이테는 어떻게 형성되어 있을까. 반듯한 것부터 비뚤비뚤 그린 것들도 많을 것이다. 지금부터 나이테는 반듯하지 않아도 좋다. 편안하고, '내 삶 주인공은 나'라는, 당당함과 여유로움이 묻어나는 나이테를 그리고 싶다. 삶도 어린나무처럼 사랑을 받고 자라나야, 자신을 지킬 수 있다. 세월이 흐르면 받았던 사랑을 나눔으로 보답한다.

연둣빛으로 물드는 봄 햇살이 따사로운 날이다. 화사하게 다가온 새로운 벗들과, 맑은 공기 같은 인연을 맺고 싶다. 추억이 아름다운 이유는 내 삶을 되돌릴 수 없는 기억이 보석처럼 내면에 존재하기 때문이다. 오늘 인연도 나의 아날로그 속에 소중히 담는다.

내 마음의 자양분

새해 아침이다. 올해는 또 어떤 일이 있을지 설렘이 주어지는 시간, 삶의 여백을 채울 메모장을 준비하고, 마음의 계획을 세우며 버킷리스트도 챙겨 본다. 어린 시절부터 해가 바뀔 때마다 매년 메모장을 새롭게 준비하였다. 메모장 선택도 다양한 디자인과 내용물 수록장을 살펴보는 재미도 쏠쏠하다.

옛날에는 메모장의 다양함보다는 종이 재질을 보고 선택했지만, 요즘은 일별, 월별로 아기자기한 구성을 보고 결정한다. 지금은 각종 매장이 많아 쉽게 살 수 있지만, 옛날에는 국제시장에 가서 메모장을 뒤적이곤 했다.

중학교 2학년 때 일이다. 국어 선생님이 첫 시간에 깨끗한 칠판에 세로로 사람 인人 자 다섯 글자를 쓰시고 설명하셨다. "사람이면 사람인가, 사람이, 사람 짓을 해야 사람이지."라는 말을 듣는 순간, 많은 생각을 하게 하는 글이었다. 중국의 임어당 선생이 하신 말이란 걸 듣고 그날부터 삶의 지침으로 정하고, 마음에 고이 접어 새겨 두었다.

메모장을 열면 앞 페이지에 사람 인, 人자 다섯 자를 정성을 다해 깨끗하게 손으로 적어 두었다. 지금도 메모장을 펼칠 때마다 꺼내어 읊조려 본다. 임어당 선생이 발간한 《생활의 발견》은 생활에 대한 자세와 참된 인생의 의미를 일깨워주는 삶에 대한 주옥같은 지침서다. 유쾌하고 행복한 참된 인생이 무엇인지, 단 한 번뿐인 삶을 어떻게 살아야 하는지, 생활 자세에 대한 해답을 제시하는 책으로 나에게 많은 감명을 주었다. 생활의 발견과 처세론은 특히 몇 번씩 정독하여 지금도 기억이 생생하다.

메모장 속에 월간, 연간, 읽어야 할 책들을 빼곡히 메모해 둔다. 읽을 때마다 마음에 드는 문장은 언제 읽은 책인지 제목, 저

자를 간단 메모해 삶의 자양분으로 저장해 놓았다. 하루 일 중 포인트가 되는 내용은 수록하여 정신적 양식이 된 일기장이다.

누구를 만나거나 약속이 있는 날에 특별한 일정이 없으면, 만남의 장소에 미리 도착한 나만의 세계에 몰입할 수 있는 좋은 자리에 앉는다. 기다리면서 지난 마음속 그리움을 들여다보며 메모장을 꺼내 메모도 하고, 꼼꼼하게 적힌 내용을 음미하면서 아련한 추억에 젖어 본다.

수첩에 통장 계좌번호 등 중요한 내용이 깨알 같은 글씨로 적어 두었다. 하루는 은행 업무를 보면서 메모장을 잃어버렸다. 일과를 생각하고, 마지막에 메모장 펼쳤던 곳까지 기억해 냈다. 은행 직원과 안내하는 분에게 직접 가서 확인했지만, 찾을 수 없어 한쪽을 잃어버린 듯 마음이 아렸다. 오리무중. 나의 분신과 같은 메모장이 무사히 와주길 기도했다. 3일이 지난 날 메모장을 보관 중이라는 전화가 왔다. 고마워 전화기 앞에서 몇 번이나 절을 하니 환희심마저 들었다. 만나기로 한 날 상자에 담긴 롤케이크를 준비했다. 나의 분신, 정신적 지주 같은 사랑이 담긴 메모장을 찾았다. 깔끔하게 생긴 남자분이 메모장을 가져왔다. 메모장 앞 깔끔한 공간에 "사람이면 사람인가, 사람이, 사람 짓을, 해야 사람이지."라는 글귀와 메모장을 습득하신 분은 연락 달라는 전화번호까지 적혀 있었다. 이런 메모장을 보고 어찌 그냥 던져 버릴 수 있었겠는가. 수첩을 습득한 사람한테는 필요가 없지만, 잃어버린 사람한테는 보물이라는 걸 아셨나 보다.

10월, 하얀 여백을 채우다 보면 여백이 없어 새로운 메모장을 준비하게 된다. 요즈음은 스마트 폰으로 메모장, 스케줄 관리도 하지만, 오랜 습관 탓인지 지금도 메모장을 핸드백 속에 넣고 다닌다. 가끔 모아둔 기억 저편 속으로 여행한다. 깔끔하게 정리된 글들, 삶을 빛나게 하는 작은 역사가 소중하기만 하다.

빛바랜 메모장 1984년 12월 소소한 일상에는 이런 글이 메모가 되어 있다.

"무언가를 항상 추구하는 사람이 되고프다. 문학은 자기를 발견해 가는 길이며, 키워 가는 길, 완성해 가는 길, 우주 공간에 있어서 자신의 존재를 확인해 가는 길이다."

메모장은 내면 깊숙이 내재되어 있는 희로애락이 담겨있고,

지나온 발자취를 함께 음미할 수 있는 진중한 친구다. 문학에 대한 꿈을 담은 메모장은 나를 문학 세계로 이끈 안내자라고 생각한다.

백세시대라고 하지만 나도 절반을 넘겨 왔다. 언제까지 메모장이 지속될지 모른다. 단순하고 깔끔한 여백에 마음과 생각을 담을 수 있는 그날까지 함께할 것이다. 침묵해 있던 나의 역사가 관심 가져 달라고 눈치를 준다. 그래서 오늘도 빛바랜 내 분신을 벗삼아 지나온 삶을 돌이켜 보며 마음의 양식으로 들어가 본다.

색깔과 감성

전화 한 통이 왔다. 20대 나이였을 때, 회사에서 상사로 모셨던 K 선생이다. 2시에 터미널에 도착한다는 연락이 왔다. 생각지 않은 만남이라 반가우면서 의아하다.

내가 근무했던 직장은 직원들이 많은 사무실이었다. K 선생은 우리 회사에 오기 전 신문사에 근무하다 이직을 해온 분이라고 들었다. 나도 책을 읽고 글쓰기를 좋아하지만 K 선생 역시 책을 읽고 글쓰기를 좋아했다. 회사에서는 쓴소리 된소리를 많이 해 인기 있는 사람은 아니었다. 중역들은 자칫하면 K

선생으로부터 뜸베질 당할까 봐 긴장하는 듯했다.

그는 의식이 있고 특유한 색깔과 감성을 지닌 멋진 분이었다. 직원들과 독서회를 만들어 책을 읽고, 등산하는 모임을 주도했다. 투명하고 선명한 걸 좋아하며 자신의 개성을 마음껏 표출하는 분이라 그때 이분의 색깔은 하늘색이라는 생각을 하였다.

터미널에서 K 선생을 만났다. 다른 모임에 가기 전에 잠시 들렀다고 한다. 사무실로 모시고 와 차 한 잔을 대접했다. 몇 년 전 만났을 때와 전혀 달라진 것이 없었다. 아직 카리스마가 있고 성격도 여전하다.

K 선생을 보면서 인간관계에 대해 생각한다. 어느 해부터 스쳐 지나는 인연은 스쳐 가도록 두자는 마음을 가지기 시작했다. 나는 남들의 시선을 의식하지 않는 편이면서 피해를 주지도 않는다. 소통되는 사람들, 곁에 두고 싶은 지인들이면 안부도 전하고 먼저 연락하고 챙긴다.

20대 어느 날, K 선생이 하루는 된장이 없다고 해서 엄마에게 부탁했다. 작은 항아리를 비워 통째로 다 담아 주며 “나이를 불문하고 대화 상대가 있다는 게 참 좋은 인연이고 행운이다."라고 했던 엄마 이야기가 떠오른다. 그 사건(?)은 된장에 대한 고마움과 딸 사랑이 남달랐던 엄마를 기억하는 일로 남아 만나면 늘 대화의 한 부분을 차지한다.

결혼한 후 K 선생과 한동안 소식을 나누지 못했다. 서울에 거주하는 직장 언니와 연락이 닿아 인연이 다시 연결되었다. 가족들이 살아가는 이야기, 예정된 만남은 아니었지만, 행복을 주는 지인들 소식을 전하며 잠시 과거 추억을 나누는 좋은 시간이 되었다.

지난 월요일 전화가 왔다. "본인은 세상에서 제일 행복한 사람이다. 자기를 기억해 주고 이토록 좋은 사람들이 곁에 있으니 더는 부러운 것이 없다."라고 말했다.

이제는 마음을 비우니 욕심도 없어지고, 가벼운 삶을 살고 있으니 죽을 때 아쉬움이 없다고 한다. 평소 나이는 숫자에 불과하다고 생각하며 나이를 묻지 않았지만, 팔순은 훨씬 지난 것 같다.

"부산에 가고 있다."라는 전화를 또 받았으면 좋겠다. 서울에서 이사해 바다가 보이는 고즈넉한 시골 동네에 부부가 집을 지어 살고 있다. 이사하고 평소 아끼던 지인들 부부만 초대한다고 연락이 왔다. 우리 부부는 다른 일정으로 참석하지 못한다고 했더니 "가족과 함께 오라는 초대장은 기한이 없다."라고 한다. 가까운 시일에 만남의 해후를 가질 예정이다.

나에게는 항상 용기를 북돋아 주고 문학 열정을 불어넣어 주시는 멘토 S 작가님이 곁에 있어 힘이 된다. 어느 날 나에게 이런 문자를 보내왔다.

"나이가 많든 적든 피가 끓어야 한다. 그리고 일상에서 적극적으로 행동해야 한다. 우리가 잘 아는 예수는 이론가가 아니었다. 손수 책 한 권도 쓴 일이 없지만, 그는 계속해서 외치고, 걷고, 가르치고, 도와주면서 살았다. 그는 제자들 발을 씻겨 주었고, 십자가를 등에 지고 골고다로 올라가는 행동파였다. 예수님 일생을 생각하며 꿈을 가져라. 그리고 적극적으로 움직이고 행동하며, 최선을 다하라."

글은 쓰고 싶은데 업무적으로 바빠 마음의 여유가 없을 때 S 작가님의 문자는 시원한 생수와도 같았다.

몇 십 년이 흐른 지금도 만나면 반갑고 정겨운 사람들, 바쁘면 소식을 전하지 않아도 마음으로 통하는 행복을 주는 만남, 믿음과 신뢰를 주는 좋은 분들과 오래 함께하고 싶다.

삶은 끝없는 선택의 연속이다. 내 선택에 책임을 져야 하고 하루의 선택이 모여 나의 일생이 된다. 가끔 삶을 돌아보며 계획도 세우고 편안한 쉼을 한다. 또 다른 내일은 어떤 색깔로 내 삶을 감성으로 채울지 설렘으로 기대해 본다. 내 삶의 색깔은 무엇일까, 그 질문이 오늘도 나를 움직이게 한다.

멘토

천덕스럽게 나를 본다. 무엇이든 물어보라는 당당한 모습에 기가 죽는다.

지하철을 탄다. 자리에 앉은 사람, 서 있는 사람들, 남녀노소 할 것 없이 스마트 폰에 몰입하고 있다. 저 사람들은 어떤 분야에 관심이 있을까, 조심스레 곁에 있는 사람 핸드폰 화면을 본다. 게임, 드라마, 만화, 유튜브, 뉴스를 보는 사람들, 다양한 개성을 가진 사람들을 지하철에서 만난다.

아모스 조엘이 통신 시스템을 개발했다. 뉴저지주 연구소

전기 기사로 근무하던 시절 오늘날 사용하는 핸드폰을 생각해냈다. 1970년대 이전에도 핸드폰이 있었지만, 단일 채널에 숫자가 지정되어 기지국을 벗어나면 연결되지 않는 어려운 점이 많았다. 오늘날 핸드폰은 텍스트, 메시지, 인터넷 접속, 카메라 기능 등 추가 서비스를 마음껏 즐기는 생활 도구가 되었다.

궁금한 내용을 입력만 하면 핸드폰은 척척 알려준다. 모르는 것을 알기 위해 선생님이나 백과사전을 찾고, 단어를 찾기 위해 종이 사전을 뒤적이고 표시하던 시절은 구세대가 되었다. 2010년부터 통신수단이 핸드폰으로 바뀌면서 메신저 등을 통해 활발한 교류가 시작되었다. 대화를 쏟아내는 카톡방은 활용만 잘하면 유익한 정보를 마음껏 얻을 수 있다.

사람들은 나이를 불문하고 스마트 폰과 함께 살고 있다. 유치원생부터 학년이 높아질수록 핸드폰에 의존도가 높다. 사람들은 웹툰, 유튜브 등을 통해 콘텐츠를 즐기는 일상이 되었다. 연예인이 아니라도 개성에 맞는 앱을 만들어 공유한다. 일상을 이야기에 담는다. 추억하고픈 글을 나만이 볼 수 있는 공간에 올려 지난 일상을 반추해 보기도 한다. 미술, 음악, 문학,

산행 등 취미생활과 개성이 비슷한 사람들과 서로 소통을 나눈다. 싫증이 나거나 마음에 들지 않을 때는 언제나 탈퇴할 수 있는 자유로움도 매력이다.

건강 정보를 활용하면 1분 만에 중이염 진단도 가능하다. 미국 랜들 블라이 교수는 "스마트 폰으로 중이염을 진단할 수 있는 기술을 개발했다."라고 밝혔다. 스마트 폰 특정 주파수를 음파에 전달해서 되돌아오면 소리를 분석해서 진단한다. 심장병, 파킨슨병 등 중증질환 진단을 위한 스마트 앱이 국내에서도 연구 중이란다.

가정용 전화가 없어지고 있다. 집 전화기가 귀한 시절, 그땐 전화 받으러 뛰어가고 메모해서 전달하고 통화를 위해 미리 약속했다. 이젠 '아 옛날이여'이다. 가족과 소통하는 수단도 핸드폰이다. 사람들 손에는 핸드폰이 분신처럼 붙어 있다.

IT 기기를 즐기고 살지만, 우리가 진정 행복한가 하는 생각도 가끔 한다. 한 번 더 생각해보고 전할 수 있는 말도 서둘러서 전하고 후회하는 일도 있다. 많은 사람이 공유하는 단체 대화방에 불필요한 글이나 영상이 올라 문제를 일으키기도 한다.

같은 동영상이 몇 개씩 오고, 말을 글로 전함에 느긋함이 없어지고 마음이 조급해지는 현실에 아쉬움이 많다.

핸드폰을 통해 세계 소식을 공유한다. 좋은 소식은 기뻐하고 힘들고 어려운 소식은 함께 기도한다. 직접 체험하지 않아도 세계 각 나라 여행지에 머무르고 있는 듯 힐링을 한다.

좋은 글이 흘러넘친다. 글을 읽고 마음에 담는 글도 있다. 핸드폰을 통해서 읽는 글들은 세대 차이가 나서 그런지 오래 기억에 남지 않는다. 나는 지금도 종이에 담긴 글 읽기를 좋아한다. 사무실에는 일간지 4부가 테이블 위에 항상 놓여 있다. 사무실에 오는 사람들은 인터넷을 통해 신문을 보면 되는데 왜 종이 신문을 보느냐고 묻는다. 나는 종이 활자에서 배어나는 글의 향이 좋아 신문을 즐겨 본다고 대답한다.

삶의 일부가 된 핸드폰을 무시할 수가 없다. 똑똑해진 스마트 폰이 멘토가 된 세상이다.

중요한 정보 외에 자연을 담았을 때, 싱그러운 녹음 속 상큼한 피톤치드 향이 느껴지고 꽃들은 살아서 숨을 쉬는 듯하다.

식물 이름을 모를 때, 음악 제목이 궁금할 때 핸드폰에 물어보면 즉시 알려준다. 스마트 폰을 활용만 잘하면 금상첨화다.

핸드폰도 휴식이 필요하다. 사용만 하고 전원을 꺼주지 않아 화면이 움직이지 않을 때가 있다. 휴식이 필요하다는 걸 안 후부터는 내 취침 시간에는 핸드폰도 꺼서 쉼을 준다.

과학적인 지식과 좋은 정보는 활용하고 삶에 유익한 친구, 좋은 멘토로 활용했으면 하는 바람을 전한다. 내 손안의 멘토는 지금 충전 중이다.

왜 그들은 사는가

지구상에는 얼마나 많은 생물이 살고 있을까. 현재까지 밝혀진 지구의 생물은 얼마나 될까. 누구는 190만 종이라고 하고 또 870만 종이라고 한다. 헤아릴 수 없이 많다. 그중에서 식물은 얼마나 될까. 대체로 약 30만 종으로 추산된다. 생물도감에 의하면 식물의 시작은 약 35억 년 전에 시작되었다고 한다.

어떻게 기록할 수도 없는 오랜 세월을 많은 생물이 이어져 왔느냐 하는 것이 불가사의하다. 그중 식물을 보면 싹이 나고 꽃이 피고, 열매 맺고 시들어 죽는다.

이런 반복적인 생이 창조주의 섭리에 의한 자연의 법칙인가, 아니면 유전적 생태학적인 번식의 계산인가 궁금하다.

식물은 신이 창조한 피동적 존재로서 입력된 채로 살다 죽는 존재인가, 아니면 식물도 사고하는 존재인가. 식물은 왜, 무엇 때문에 사는지 생의 이유와 목적이 있다. 바로 종족번식이다.

그것을 위해 한 모금 물을 빨아들이고, 한줄기 햇볕을 쬐기 위해 몸을 뒤집어 보기도 하고, 뿌리를 키보다 더 멀리 내려보내기도 한다. 모든 식물은 생각과 지능을 갖고 있다. 그러기에 그 많은 세월 속에서도 살아남아 종족 끈을 이어온 것이다.

얼마 전 우리나라 직장인에게 "당신은 왜 직장생활을 합니까." 라고 설문 조사한 기사를 읽었다. 그런데 놀랍게도 86% 직장인이 "먹고살기 위해서."라고 답을 했다. 맞다. 가장 정직한 답변이다. 사실 먹고살기 위해서라고 그냥 그렇게 말한 것이지 그 안에는 더 많은 내용이 숨겨져 있는 것을 우리는 안다. 인간이 인간인 이상 사는 방법을 묻지 않을 수 없다. 사는 것이 중요하지만 무엇을 위해 어떻게 사느냐, 하는 방법 또한 중요하다. 단순히 먹고살기만을 위함이라면 살지 못할 사람이 몇

이나 되겠는가. 더 많은 바람과 기대치를 가지고 살기에 힘들고 어렵다고 생각하는 것 아닌가.

성경에서는 "인간이 밥을 먹는 이유와 목적은 밥이 되기 위해서다."라고 한다. 한 알의 밀알이 열매를 많이 맺으려면 썩어져야 한다. 썩어지는 목적은 열매 맺기 위함이다. 따라서 인간의 밥 먹는 목적을 밥이 되는 데 두는 것은 가장 효과적인 열매를 기약할 수 있는 첩경이 되는 것이다.

"뤽 자케" 감독의 2005년 프랑스 영화 〈펭귄 위대한 모험〉이란 영화를 비디오로 보았다. 펭귄의 생애를 다큐로 촬영한 것이었다.

그곳에는 시속 200km를 훌쩍 넘기는 폭풍설과 영하 100도를 밑도는 추위가 있다. 몇 개월씩 걸어 바닷가에 도달하기 전까지는 아무것도 먹을 수 없는 굶주림뿐이다.

그곳에서 존재하는 것 자체가 천형으로 느껴지는 장소, 남극의 오모크. 그런데 이 저주받은 땅을 새 생명을 창조하는 장소로 택한 이들이 바로 황제펭귄이다.

1년 내내 굳은 땅이 존재하고, 가혹한 날씨 덕에 천적이 접근할 수 없는 곳을 선택한 결과 이들이 치르는 대가는 가혹하다. 짝을 만나기 위해, 번갈아 새끼를 돌보고 먹이를 구하기 위해 몇 번씩 목숨을 건 여행을 떠나야 하고, 남은 가족들은 기나긴 허기와 추위를 이겨내야 한다. 귀한 생명이 태어나는 만큼 많은 목숨이 희생될 것이다.

부모의 극진한 희생만큼 강렬한 드라마가 또 있을까. 짝짓기와 산란, 포란과 양육, 귀환까지 이어지는 단순한 줄거리를 그 어떤 픽션보다 흥미진진하게 만드는 것은, 눈물겨운 가족애와 이를 방해하는 혹독한 환경이다. 알이 얼음 땅에 떨어질세라 고도의 집중력을 발휘하는 펭귄 부부의 몸짓, 연약한 새끼를 위협하는 날 선 바람을 온몸으로 막아서는 부모의 굳건한 모습은 보는 이를 숙연하게 만든다. 이 땅의 모든 어린 생명처럼, 가진 것은 보드라운 솜털과 서툰 몸짓이 전부인 펭귄 새끼들의 천진난만함은 귀여움을 넘어 아련하게 느껴진다.

인간의 손길이 닿지 않는 얼음 나라에서 벌어지는 마법 같은 이야기에 나는 그냥 슬펐다. 그냥 불쌍했다. 다른 어떤 표현도 나오지 않았다. 나에게 저런 삶이 주어진다면 그냥 죽자,

그랬다. 평생을 한 가지만 반복하며 살다 죽는다. 알 낳고 새끼 키우고 또 알 낳고 새끼 키우고 그런데도 펭귄은 약 6,500만 년을 이어져 내려오고 있다. 그런데 결과물은 결국 종족 번식 성공이다. 우리 인간 삶도 이와 비슷한 삶을 사는 사람들이 많다.

가장 오래된 인류로서 최근에 발견된 '루시'는 550만 년 전이다. 예전 학교에서 배웠던 오스트랄로피테쿠스는 230만 년 전이다. 펭귄은 어떻게 오스트랄로피테쿠스보다 30배나 더 긴 여정을 이어올 수 있었을까. 어쩌면 펭귄은 단순함의 자연법칙 속에서 인생 목적을 지키며 살아왔기 때문이 아닐까. 그들은 자신이 있어야 할 장소와 도달해야 할 시각, 그곳에서 취해야 할 행동을 본능적으로 인지한 채 생존에 열중한다. 이 기특한 생명체의 분투를 떠올릴 때 나는 왜 사는가를 생각해 보는 철학자가 된다.

■작품해설

이다겸의 지정의를 이루는 명상과 자애慈愛

박양근(문학평론가, 부경대 명예교수)

인간은 태어나면서부터 자신을 새롭게 창조해 간다. 매일 육체적으로 성장하고 정신적으로 성숙한다. 의식주를 기반으로 체력을 키우면서 정신적인 자아를 형성하려고 노력한다. 그런 가운데 보통 사람과 달리 후자의 변화에 많은 관심을 가지는 사람들이 있다 그들은 감수성과 상상을 통하여 자신의 내면을 표현하는 풍요로운 제2의 정체성을 추구한다. 이들을 일러 우리들은 작가라고 부른다.

문학 작가는 언어를 매개로 자신의 실존성을 재구성하는 사람이다. 그는 남다른 인식으로 자신과 주변에 대상과의 관계를 표현한다. 그 심미적 교감으로 작가가 선험적으로 음미하고 독자는 언어의 아름다움과 지적 정서적 소통의 기쁨을 전달받는다. 이러한 가운데 독자는 작가가 지닌 인간에 대한 사랑과 태도를 엿보기도 한다.

이다겸 작가는 2017년 월간 《국보문학》에서 수필가로, 다음 해에는 시인으로 등단하였다. 시집 《말 걸어오는 풍경》을 상재하였으며 〈한국문학신문〉 기자로도 활동하고 있다. 이런 문단활동에 못지않게 호감을 주는 면은 그녀의 인간됨이다. 그녀는 자상한 부모의 가르침을 받으며 성장하여 남부럽지 않은 가족을 이루었다. 끊임없이 공부하고 일을 하며 갖가지 봉사도 이어온다. 예술적 취향을 지켜오면서 시와 수필을 쓴다. 맨발 운동과 마라톤을 게을리하지 않는다. 불심도 남다르게 깊다. 삶에 대한 다채로운 이러한 진지성과 노력부터 남다르다.

왜 이다겸은 남다른가. 남들이 쉽게 따를 수 없는 인간적 매력과 친화성을 언제 어디서나 발휘하는 겸양과 배려 때문이다. 이슬을 머금고 햇살을 가득 받고 있는 연꽃과 어떠한 비바람도 삶의 미소로 바꾸는 들꽃을 떠올려 준다. 연화와 화엄의 포용이랄까. 상재한 첫 수필집 《사람과 사람》을 따라가면 누구든 그녀의 엔도르핀에 감화된다. 그 비결은 사람이라면 누구나 가지고 싶어하지만 현실에서는 쉽지 않다. 삶으로 수필을, 수필로써 삶으로 항진하는 일체성을 그녀는 지니고 있다는 말이다.

1. 생의 품격: 자애와 명상

이다겸의 삶에 대한 기본자세는 내적 성숙을 추구하는 것이다. 그녀는 정신적·정서적으로 충일하면 일상을 평화스럽게 감내하고 해결할 수 있다는 믿음을 갖고 있다. 이것을 이루기 위해 그녀는 불교에 대한 믿음과 배려와 자애라는 인문학적 실천력을 꾸준히 연마한다.

살아가면서 겪는 갖가지 상처와 고통을 불교에서는 번뇌라고 한다. 번뇌는 마음에서 일어나는 갖가지 불편한 심경이므로 작가는 불자로서 불법을 먼저 실천하겠다는 정관의 성찰을 보여준다. 사람들이 말하는 배려가 일상으로 나타나는 것이다. 작가의 내적 이미지를 드러낸 대표작은 〈나만의 사색思索〉이다. 이 작품은 일상에서 실천하는 자애와 명상이 어디에서 비롯하는가를 보여준다. 그녀는 "참나를 찾기 위해" 산사를 순례하며 템플스테이 참여한다. 이러한 명상으로 길은 자아 성찰과 참회의 시간을 갖기 위해서라고 그녀는 말한다.

인간은 행동하고 생각한다. 행동이 먼저 이루어지거나 사색이 앞서기도 하지만 사람은 행동과 생각 사이에 균형을 지닌 자아를 원한다. 작가도 부처님과 마주하면 가슴에 일어났던 파문이 잔잔해지면서 "영원히 변치 않는 참된 불제자가 되겠다."는 다짐을 한다. 참된 불제자로서의 생을 이루겠다는 것이 자신에 대한 약속이다. 그러므로 가람의 건축물뿐만 아니라 108 염주, 추녀에 달린 풍경, 일주문, 범종 등은 신앙의 표상이면서 문학적 소재로 자리하게 된다.

자아성찰自我省察의 시간이다. 부처님 전에 일 배를 하고, 실낱같은 줄에 염주 한 알 끼우며 마음 한편에 있던 걱정도 덜어낸다. 또 한 알의 염주를 끼우며 직장에서 쌓였던 스트레스와 묵었던 감정들을 버린다. 한 알을 한 줄에 끼워 완성시킨 108 염주, 세상에 하나밖에 없는 염주를 들고 합장 인사드린다. 염주 만들 때 키웠던, '마음과 정신의 근육을 잊지 않겠다.'고 다짐한다.

— 〈나만의 사색思索〉에서

이다겸에게 일 배는 부처와 자아와의 대화 시간이다. 한 알에 염주는 갖가지 잡념과 망상에서 벗어나 오롯이 자신을 만나는 시간의 결정체이다. 사색은 과거를 성찰하고 미래를 지향하는 긍정 마인드를 조성한다. 그녀가 행하는 겸손은 자아를 성찰하는 의식에서 우러나온다. "스스로 꿴 108 염주를 보며 마음을 정갈하게 하려고 한다." 는 행동과 명상의 조화를 추구한다. 그녀는 걸으면서 사유하고 달리면서 명상을 하기도 한다. 니체의 말처럼 '자기 내면을 고요히 성찰하는 사색적인 삶'을 수필의 에너지로 삼고 있는 셈이다. 그녀의 언행이 자애롭고 인생론이 긍정적인 것은 한 조각 구름 같은 삶을 단단한 염주알로 승화시켜 나가기 때문이라고 할 수 있다.

자아에 대한 명상이 종교적일지라도 근원은 모계의 강에서 시작한다. 사람의 인성과 성격이 가정에서 형성된다면 이다겸을 두고 하는 말이 아닐까 싶을 정도로 그녀의 모습은 어머니의 복제라고 할 만하다. 그만큼 항상 어머니가 자신을 키워낸 방식을 기억하면서 동일한 방식으로 자식을 양육하는 데 심혈을 기울인다.

어머니에서 딸로 이어지는 가르침을 기록한 사모곡이 〈내 안의 그녀〉다. 작품에 투사된 두 모녀의 모전여전은 정갈하면서 단아한 성품과 깔끔한 가정 살림을 공유한다. 서두에서 "그리움이 껌처럼 착 달라붙는 여인"으로 그려진 어머니가 노령에 "화초에 물 주는 것을 좋아하는 착한 치매"에 걸렸을지라도 작가의 어머니상은 "영원히 숨쉬고 있는 공기 같은 존재"로 완성된다. 작가도 세상을 떠난 어머니를 "내 안의 그녀"라는 불멸의 존재로 기억한다.

이다겸의 인생을 형성하는 세 가지 모티프는 불심과 자아와 가정이다. 불심으로 존재를 살피는 명상력을 배양한다면 자아는 어머니를 롤 모델로 삼고 가정애는 그녀의 현실을 이끌어가는 견인력으로 발휘한다. 가정애는 책임과 사랑의 실천으로서 여자가 담당할 첫 번째 역할이다. 그 과정을 김장이라는 은유로 풀어낸 작품이 〈발효와 숙성〉이라고 하겠다.

김장이라는 겨울 준비는 가정주부의 자상한 마음씨를 엿볼 수 있는 가사노동이면서 집안 대대로 전수되는 비법으로 간주된다. 김장이 주부의 과제이면서 집안 행사로 손꼽히는 이유가 여기에 있다. 김치는 우리나라의 대표적인 발효 식품이다. 작가는 배추가 김치로 되어가는 과정을 가정과 사회에서 제 역할을 하도록 성숙하는 인격과 비슷하다고 여긴다. 누구든 처음부터 김장을 잘하지 못한다. 인격체도 미숙하다. 그럴 때 손맛 좋은 친정어머니를 떠올리고 시어머니 음식 솜씨를 배워간다. 이것은 곧 인격의 발효와 숙성의 본질이기도 하다.

평소에도 매사에 믿고 묵묵히 도와주는 가족들. 한쪽

도 버리지 않고 맛있게 먹기로 약속해 준 가족들이 고맙다. 내년에는 맛있는 김치를 담가야겠다고 다짐해 본다. 시간이 지나면서 숙성되고 발효되어 깊은 맛을 내는 훌륭한 김치처럼 나의 요리 솜씨도 가족들의 사랑으로 숙성되고 발효가 되어 행복한 식탁을 책임질 것이다.

— 〈발효와 숙성〉에서

이다겸은 김장이라는 일상적 소재에서 사람됨이 이루어지는 과정을 찾아내었다. 이것은 그녀의 수필 세계가 정감 어린 현실을 바탕으로 하면서 사랑과 정성, 발효와 숙성으로 인간애라는 담론을 항상 의식한다는 뜻이다.

이상을 추구하는 인간의 삶은 이원성을 갖기 마련이다. 육체적인 활동 영역과 심미적인 감상이 균형을 이루고 이성적 인식과 감수성을 함께 배양하는 것은 일상과 탈일상에 균형 잡힌 활기를 불어넣는다. 그녀는 바쁜 하루의 일정에도 불구하고 문학과 미술 감상과 음악을 소홀히 하지 않는다. 우리가 접하는 예술과 인문학은 정신적 안정과 안전을 제공해 준다. 지정知情의 노력으로 지친 삶을 일으켜 세우는 휴식과 감흥을 마련하는 조화로운 삶을 보여주는 〈음악 인생을〉은 가정을 음악이 흐르는 둥지로 만들려는 노력을 반영하고 있다.

이다겸에게 불심과 자아 존중과 가정애는 삶의 중요 요소들이다. 추구하는 생에 음악적 선율을 주어, 보다 윤택한 문화생활로 바꾸어간다. 이것이 그녀가 지키려는 생의 원리이므로 "마음과 생각을 larghetto(천천히), giocosl(즐겁게), 나만이 가질 수 있는 nobile(고귀한) 것"으로 완성하려는 자기 약속을 실천화는 것이다.

2. 맨발의 행복

사람은 자연에서 태어나 자연으로 되돌아간다. 문명이 발달하면서 동식물이 살아가는 서식지가 좁혀지는 가운데 사람들도 최근에는 생태계를 새롭게 인식하고 있다. 자연이 사람이 필요로 하는 모든 것을 제공해 주는 점은 옛날이나 지금이나 다르지 않다. 아파트 공장 도로 등 갖가지 문명 시설이 확장되어도 사람이 자연에 의지하는 조건은 변함이 없다. 문명발달에 비례하여 자연에 대한 의존성이 더욱 심화된다고도 말할 수 있다.

현대인이 겪는 병리적 현상은 생태 위기의 결과라고 한다. 작가라면 누구보다 이 사실을 절감한다. 그녀도 도시 사람이 건강을 유지하기 위해 의탁하는 곳이 숲과 바다와 햇살이라는 사실에 동의한다. 기회가 있을 때마다 찾아간 자연을 전원적인 한 폭 수채화로 펼쳐내어 외적으로는 《사람과 사람》이지만 내적으로는 명상과 자애라고 말할 정도로 태반의 작품이 자연공간을 배경으로 한다. 역세권보다는 숲세권을 지향하는 작가의 자연 친화성은 "뱃길과 숲속 길은 걷기 쉬운 명품 길이다."로 요약된다. 나아가 "해변가를 돌면서 쓰레기 줍기 자원봉사를 하고 있다." "바다로 가는 시간은 관조의 시간이다." "나무들은 나를 산으로 오라 한다." "얼굴에 감기는 초록 바람이 좋다." "오늘은 느리게 걷는 여유를 갖기로 하였다." 등의 문장은 자연 산책가가 되려는 작가의 생태적 꿈을 반영한다.

이다겸과 숲과의 만남은 일상화되어 있다. 그것은 직접 육안으로 보고 발로 걷고 숲길을 달리는 자연과의 접촉으로 이루어진다. 이 방식은 그녀를 숲속 세계로 안내하고 관조의 시간을 허락해 준다. 법당에서 부처님을 만나고 풀 한 포기에서 흙의 소리를 듣고 나무 의자에 박힌 듯 앉는다. 때로는 청정한 바다 같은 내면이 이루어지기를 기도하고 비 오는 날의 싱그러운 초록에 물들고 싶어 한다. 이러한 영적 호흡은 스토리텔링 구조를 지닌 작품에서 생생하게 경청할 수 있다.

계절의 조화는 오묘하다. 봄 숲에서는 파릇파릇한 어린아이들의 해맑은 웃음이 들린다. 여름 숲은 굵은 햇살을 가리는 시원한 그늘을 주는 푸르름이 있어 좋다. 가을 숲은 성숙해져 가는 삶을 노래하는 아름다움이 있다. 겨울 숲은 모든 걸 이겨내고 여유로운 휴식이 좋다.

첫 만남의 사람들과 생명의 숲을 걸었던 작은 행복을 소확행小確幸이라 이름 짓는다. 초록 향을 음미하며 한

> 폭의 수채화를 만난 햇살 길, 숲길, 사람길이 어우러진 약 12km, 7시간을 즐긴 하루였다. 파아란 하늘에서 쏟아지는 구름 그늘이 내 얼굴 위에 상큼함을 남긴다. 숲의 노래를 듣는 스토리텔링은 계속될 것이다.
>
> — 〈숲, 관조의 시간〉과 〈숲길은 스토리텔링〉에서

관조의 시간을 발효시킨 스토리텔링은 땅과 만나는 걷기에서 이루어진다. 숲과 나무가 거치는 사계절에 보폭을 맞춘 도보 길이 고스란히 문자의 보행으로 재현되고 있다. 〈발아, 고맙다〉는 사람의 몸을 가장 아랫부분에서 지탱해주는 발의 역할을 재인식하고 맨발 걷기가 얼마나 맑고 깨끗하게 자연과 접할 수 있는가를 일깨워준다. 이다겸은 차의 바퀴를 멀리하고 양말과 신발마저 벗고 땅을 걷는다. 그럴 때면 겸손과 지혜에 더 가까워졌다는 행복감을 맛본다. 두 발을 믿고 걸은 후 집으로 돌아오면 발의 보시에 보답하기 위해 발을 꼼꼼히 어루만져준다. 무엇보다 불평불만을 무심하게 넘기는 발에서 너그러움을 배운다. 예전의 선비들이 짚신을 신고 천릿길을 걸었

다면 작가는 맨발로 발 도장을 찍으며 걷기를 좋아하는 이유는 맨발 걷기가 명상의 자세이기 때문이다.

그녀는 발을 소중히 간직하는 인생론을 중시한다. '발아 고맙다.'를 생활 운동으로 구현한 〈혹서기 마라톤〉과 〈42.195km를 달리다〉는 수기형 수필이다. 맨발 걷기와 마라톤 예찬론자로서 그녀는 마라톤 풀코스에 처음 도전한 〈42.195km를 달리다〉에서 삶과 마라톤의 이치를 일치시킨다. 〈혹서기 마라톤〉은 작가가 지닌 삶에 대한 치열성을 반영한 대표작 중의 하나이다. 한여름 무더위 속을 완주한 작가는 무엇을 하든 고통을 이겨내는 것이 승리의 정도正道임을 체득한다.

> 우리는 몸이 아프기도 하고 마음의 상처를 입기도 한다. 몸의 상처만이 아니고 보이지는 않는 마음의 상처와 흉터도 있다. 고통과 고난의 상처를 견뎌낸 사람만이 지닐 수 있는 무늬다. 자신의 마음을 다스리는 마라톤, '힘내라고' 응원해 본다. 하늘을 보며 바다와 숲을 친구삼아 달렸다.
>
> — 〈혹서기 마라톤〉에서

마라톤을 할 때 하늘과 바다와 숲을 친구로 삼는다는 그녀의 고백처럼 자연은 그녀에게 스승이자 동행인이다. 우리도 인생의 마지막까지 힘을 내라고 격려해 주는 생의 선생이자 반려자를 달리 어디에서 찾을 것인가. 목표가 크든 작든 그것을 이루었을 때의 기쁨은 스스로 성취한 것이기에 항상 충만하다. 생의 끝이 어디에 있을지 알 수 없지만 자신의 레이스를 즐길 줄 아는 사람은 다음 목표를 행복하게 다음을 준비한다. 이것이 이다겸이 지닌 행복의 철학이다.

3. 사람이 희망이라는 시선

문학이 이루어지는 근원은 사람에게 있다. 개인이 사람과 더불어 살아가노라면 예측하지 못한 행불행이 닥쳐오고 갖가지 기쁨과 상처를 맞이한다. 모태에서 태어나 흙으로 돌아갈 때까지 원하든 원하지 않든 인간관계는 끊임없이 이어진다. 문학도 그 과정의 현상에 불과하다. 분명한 사실은 사람과의 만남이 삶 자체라는 것이다. 그리고 사람이 사람과 만나는 과정에서 나타나는 감정을 적는 것이 글쓰기의 출발이다. 작가마다 차이가 있다면 어떤 인간관을 바탕으로 이웃을 만나는가 이다.

인생을 대면하는 방법에는 여러 가지가 있다. 그것을 크게 구별하면 낙관적인가 비관적인가, 이기적인가 이타적인가, 현실적인가 이상적인가 하는 이분법이다. 그것에 의하여 삶의 양상이 달라지고 글쓰기와 문학적 내용도 차이가 생기기 마련이다.

작품분석을 통하여 이다겸의 성품을 살펴보았듯이 그녀의 자애심과 명상과 극기심은 우연히 만나는 사람을 대할 때도 자연스럽게 발휘된다. 그녀의 인간관은 긍정적이고 이타적이며 이상적이다. 자신보다 상대의 입장을 먼저 헤아리고 선의를 베푸는 광경을 찾아 볼 수 있다. 그 모습이 너무나 자연스러워 마치 비 온 후에 활짝 피어난 한 송이 꽃을 연상시켜 줄 정도다.

수필은 사람 사는 이야기를 스토리텔링한 서사다. 자연 현상을 풀이하고 관념적 가치를 다룰지라도 서사는 종래 사람 사는 곳으로 돌아오기 마련이다. 길거리에서 낯선 사람을 지켜보고 상가와 사무실로 찾아오거나 식당 옆 테이블에 앉거나 지하철을 같이 탄 행인에게 일시적이지만 의식적인 시선을 준다. 그럴 때 이상하게도 그들이 지구상에서 함께 살고 있는 사람이구나,라고 인식한다. 찰라 같은 그 순간에 글쓰기가 시작된다.

수필도 알 수 없는 우연과 필연이 어울려 쓰인다. 이다겸의 경우도 마찬가지다. 사회복지학과 실습을 다룬 〈사람과 사람〉, 자폐 장애인과의 내방을 소개하는 〈기다림〉, 결혼식 하객으로 참석하여 신랑 신부를 지켜보는 〈가을 향기〉가 그 속에 속한다. 그뿐만 아니라 음악과 미술과 직장에서 직간접적으로 만나는 예술가와 문인들도 수필 주인공으로 등장하여 모두가 서로에게 함께 살아가기 위한 희망이라고 말하고 있다.

이다겸은 사회복지학을 전공하였다. 사회복지는 여러 가지 여건으로 소외되고 그늘에 묻혀 누구나 가질 수 있는 행복을 제대로 누리지 못하는 사람을 도와주는 분야다. 복지 분야에서는 남다른 배려와 섬세한 관심이 필요하다. 어찌 보면 그녀의 자질과 성품에 가장 적합한 영역이라고 볼 수 있다. 〈사람과 사람〉은 사회복지 실습을 위해 부산역에서 상담한 노숙자와의 만남을 기록한 글이다. 제목이 얼마나 홍미로운가. '사람과 사람'에는 외적 차별과 차이가 없다. '모두가 똑같은 사람'이라는 작가의 생각이 반영되어 있다. 이것이 이다겸의 기본적인 인간관이고 작품세계이기도 하다. 인간관계에서 중요한 것은 상대방이 자연스럽게 마음과 관심을 받아들이고 행복을 갖도록 하는 것이라고 작가는 덧붙인다.

> 인간이 지향하는 궁극적인 삶의 목적은 행복이다. 내가 행복하면 가족이 행복하고 사회가 행복해진다. 나를 필요로 하는 사람이 있을 때 따듯한 손을 내밀어 소통하고 부대끼면서 살아간다. 사람과 사람이라면 그렇게 해야 한다. 마음은 이미 복지사의 길을 걷고 있다
>
> — 〈사람과 사람〉에서

사람을 얻는 것은 마음을 얻는 것이다. 진심이란 마음이 통하는 길이며 대화를 통하여 희망과 즐거움을 나누는 것이 사람과 사람 사이에 이루어지는 최선의 인연이다. 이다겸은 이런 인간관을 체득하여 "사회복지사는 봉사하는 사람"이라는 신념을 지켜 나간다. 사회복지사로서 그녀의 복지개념을 밝힌 구체적인 사례가 〈기다림〉이다. 사무실에 무단 침입하여 날짜가 지난 달력을 말없이 찢어버리는 동네 젊은이가 자폐 장애인임을 알고 난 후 일부러 그가 찾아오도록 일일 달력을 그대로 두는 배려는 깊은 공감을 일으킨다. 그를 "천사"로 바라보는 작가의 표정은 자비와 연민으로 넘쳐난다. 자칫 멀리하기 쉬운 자폐 장애인 청년을 "외모가 준수하고 숫자에 민감했던 친구"라고 말함으로써 세상 사람에게 장애인을 어떤 시선으로 보아야 하는지를 진지하게 알려주고 있다.

젊은이들의 결혼식에 참석하는 것이 그녀에겐 행복이다. 주례사를 들으면서 자신의 결혼 생활을 돌이켜 보고 다정하게 행진하는 신랑 신부를 축복하는 것만큼 기분 좋은 일이 없다고 여긴다. 인생에서 이루어지는 인연이 얼마나 소중한가도 거듭 성찰하게 된다. 〈가을 향기〉는 만추에 베풀어진 결혼식을 통해 사람은 늙어가는 것이 아니고 '익어가는 것'으로 풀이하여 자연으로의 순응을 강조한 작품이기도 하다.

미술과 화가에 대한 관심은 〈그림 숲에 스며들다〉와 〈빈센트 반 고흐를 만나다〉에 흐르고 있다. 작가는 작가를 남다르게 이해할 수 있다. 이다겸이 글을 쓰면서 갤러리에 가거나 사무실에 해바라기 그림을 거는 것은 그림에 대한 감각이기도 하지만 화가들의 숨김없는 삶을 존중하기 때문이다. 그림은 삶을 반영하는 점에서 글과 같다. 그럴 때 액자 속 그림을 지켜보면서 화가가 겪었던 아픔과 좌절을 떠올릴 수 있고 투명하고 맑은 그들의 영혼과 대화를 나눌 수 있다.

> 작품 속 사물들도 나를 보고 있다는 생각을 한다. 미술가는 보고 느낀 감성을 선과 색으로 표출하고, 감정 속 출렁거림을 화폭에 담아낸다. 심플함. 담백하고 부드러움이 숨쉬고 있다. 작가 손에 의해 탄생하는 여인들과 꽃이 있어 더 아름답다. 대자연의 경이로움, 독특한 컬러 감각.

> 무궁무진한 세계를 담고 있는 예술을 사랑한다. 모든 사물을 예술로 승화시키는 작업이 작가의 힘이다.
>
> — 〈그림 숲에 스며들다〉에서

작가의 영혼을 살피는 감수성은 미술에 대한 식견과 인간에 대한 연민으로 이루어진다. 이다겸은 그림 속에는 무궁무진한 스토리가 담겨 있다고 여긴다. 실제 문학을 이루는 문장과 그림에 색채는 동일한 이미지로 구성된다. 작가란 모름지기 예술과 문학의 애호자로서 타 장르의 경계를 넘어서야 한다. 탈경계와 통섭을 담아낸 〈멘토〉는 디지털 시대를 배경으로 아날로그의 장점을 소개해주고 있다. "종이신문과 종이책을 좋아한다."는 작가는 스마트폰이 갖가지 정보를 제공해 주지만 종이 문화를 소홀히 하지 않음으로써 사색과 성찰의 공간을 넓힐 필요가 있다고 제안한다. 그녀의 생각을 종합하면 그림과 언어는 작가의 체취를 음미하기 위한 마음의 창이라는 것이다. 그 점에서 이다겸은 고전과 현대를 자유롭게 오가며, 아날로그적 사고와 디지털적 의식을 균형 있게 지닌 수필가라고 하겠다.

덧붙여

문학으로서 수필은 내적으로는 자기 고백서이며 외적으로는 사람 사는 이야기다. 인생에 대한 내향성과 외향성이 균형을 이룰 때 수필의 미학을 이루는 장르적 특성도 지니고 있다.

이다겸 작가는 수필가로서 갖추어야 할 지정의라는 품격을 함께 이루어내었다. 이러한 인격적 장점은 생활에서뿐만 아니라 문학 작업에서도 소중한 자산으로 작동한다. 그녀가 상재한 첫 수필집 《사람과 사람》에 실린 작품마다 행동과 사유가 상호 직조하여 삶의 문양을 아름답게 그려낸 까닭도 삶을 천작하고 언어로 삶을 체화하는 쌍방향의 존재성을 꿈꾸기 때문이다.

이다겸의 수필 세계는 머리말에서 "함께 살아간다는 것은 삶을 채우는 색"이라고 말하듯 명상으로 삶을 꽃피우고 사람의 향기로 결실을 거둔 내적 만남의 향연이다. 문학을 통하여 삶을 승화시켜 나가는 작가의 정원을 함께 거니는 시간만큼 오늘의 인간을 아우르는 기회는 드물다 하겠다.

이다겸 수필집

사람과 사람

인쇄 2023년 6월 25일
발행 2023년 7월 02일

지은이 이다겸
발행인 서정환
펴낸곳 수필과비평사
주 소 서울시 종로구 삼일대로 32길 36(운현신화타워) 305호
전 화 (02) 3675-3885, (063) 275-4000
팩 스 (063) 274-3131
이메일 essay321@hanmail.net
출판등록 제300-2013-133호
인쇄 · 제본 신아출판사

저자와 협의, 인지는 생략합니다.
잘못된 책은 바꿔 드립니다

ISBN 979-11-5933-477-1 03810
값 15,000원

Printed in KOREA